株式会社 クニエ
新規事業戦略チーム

なぜ9%のサブスクしか成功しないのか

日経BP

はじめに

サブスク事業は成功しているのか？

2019年、「サブスク」がユーキャン新語・流行語大賞にノミネートされ、国内における「サブスク元年」とされた。同年、サブスクリプション（以下、サブスク）サービスをテーマにした書籍が多く出版され、サブスクやリカーリング事業を中期経営計画に掲げる企業や、実際に事業化を始めた企業も多い。

では、2021年現在、サブスクの実態はどうなっているのだろうか？

残念ながら、前途洋々とは言い難い。筆者らがサブスク事業経験者500人に実施した「サブスク事業の実態調査」によると、最も重要なKPI（重要業績評価指標）の達成率が100％未満となっているのは「91％」。企業において最重要KPIが計画に満たないことは「失敗」と同義と捉えられるので、筆者らは「91%のサブスク事業が失敗している」、つまり「9％のサブスクしか成功していない」と判定している。

サブスクのように世の中で注目を集めるトピックは、必ずしも成功するとは限らない。むしろ、筆者らは失敗しやすいと考えている。

別の調査結果（新規事業経験者600人を対象に2020年3月に実施した「新規事業に関する実態調査」）によると、最も重要なKPI（重要業績指標）の達成率が100%未満となっているのは「79％」。つまり、新規事業全体（79%が失敗）よりもサブスク事業（91%が失敗）の方が失敗している割合が高いのだ。

なぜ9割も失敗するのか!?

新しいビジネスモデルや技術など、世の中で注目を集めるトピックが広まると、

「うちの会社もこれからはインターネットだ」
「これからの時代はAIなので当社もAIを導入しよう」
「他社に乗り遅れないようにサブスクをスタートさせよう」

といった「号令」がビジネス現場から聞こえてくる。

トピックをきっかけに社内で検討すること自体は問題ないが、ビジネスモデルや技術は経営課題を解決するための手段にすぎない。これらの「号令」は手段が目的化されてしまう逆転現象の兆候であり、経営課題の解決に結びつかない危険性をはらんでいる。残念ながらサブスクも、この逆転現象のリスクを抱えていると筆者らは考えている。

また、サブスクを既存事業の延長と位置付けて、単なる課金方法の変更としか捉えずに検討し、期待した成果が達成できない結果に陥るリスクにも警鐘を鳴らしたい。サブスクは既存事業から課金方法を変更するだけで成功するものではない。

先人の失敗と同じ轍を踏まないように

ビジネスにおいて、成功に向けた打ち手は業種や企業の状況によって複数の選択肢が存在するが、失敗に至る要因はある程度絞り込みが可能である。特に新規事業など、自社に知見がない新しいことに取り

組む際には、失敗した事例と同じ轍を踏まぬよう、他社の失敗事例から学ぶ姿勢が重要である。

しかし、既存の書籍や記事では、「サブスクの失敗」について明確に語られているものは少ない。筆者らはこれを課題と捉え、本書を執筆することにした。

本書では、サブスク事業を立ち上げた経験者へのインタビュー、筆者らのサブスク事業のコンサルティング実績、サブスク事業に関する実態調査、サブスク診断サービスなどを通じて得られたノウハウを集約し、「なぜサブスクは失敗するのか？」「サブスクの失敗を防ぐためには何を行うべきか？」をつまびらかにしていく。

これからサブスク事業を検討する人、既にサブスク事業を企画している人、サブスク事業を立ち上げて磨き上げている人、そんな方々に手に取って読み進めていただきたい。

本書の構成

本書は5部構成となっている。

第1部では本書のメインテーマである「サブスク」について、その定義や流行の背景などを解説するとともに、サブスクのビジネスモデルの種類について紹介する。

第2部では、筆者らがサブスク事業経験者500人に実施した「サブスク事業の実態調査」から導き出した「失敗するサブスクの特徴」を検討プロセス、組織、サービス内容と運用の３つの観点から解説する。

第3部では、失敗に至る要因と失敗を防ぐための成功の勘所を「9つの失敗要因と成功策」にて説明する。

第4部ではサブスクを取り入れたビジネスモデルを構築するために留意すべきポイントを「顧客特性」「商材特性」「販売特性」の３つの視点で述べる。

最後の第5部ではサブスクビジネス先駆者の教訓として、クルマのサブスクを提供するKINTOの事例と、製造業向けIoTサービスのサブスクを提供するTHKの事例を紹介する。

サブスク事業に取り組む方にとって、本書が失敗を防ぐための道標となり、サブスク事業の成功率が高まることを筆者らは願っている。

もくじ

第1部

サブスクとは何か

第1章　サブスク事業が流行する背景とその実態

1-1 サブスクとは何か

まずはサブスクの定義を紹介しよう。三省堂『大辞林』によると「製品やサービスなどの一定期間の利用に対して、代金を支払う方式」と説明されている。この定義には「定額課金」という言葉はないが、一般的には「定額課金」であることが多く、「製品やサービスなどの定期利用に対して支払う定額の課金方式」と定義するのがいいだろう。もともとは新聞や雑誌の定期購読を意味する言葉で、通信サービス・携帯電話の利用料や、住居・駐車場などの賃貸契約もサブスクの一つといえる。

なお、ソフトウエアの場合、クラウドサービスの「SaaS（Software as a Service）」とサブスクはよく混同されるが、SaaSはサービスの提供方法で、サブスクは課金方法を指す。たとえSaaSであってもデータ量に応じた従量課金の場合はサブスクとは呼ばない。

サブスクが脚光を浴びるようになったのは、デジタル商材（ソフトウエアやデジタルコンテンツなど）に適用され始めたからである。代表的な成功例としてAdobeがある。もともと売り切りビジネスをしていた同社は、リーマンショックの影響などでユーザー数が減少傾向にあり、そうした状況を乗り越えようと、2011年11月にサブスク方式への移行を発表した。サブスクへの移行期は売り上げが低下し、株主から疑問視されることもあったが、一定の会員数を獲得し、安定した定期収益が数字で表れるようになることで高く評価されるようになった。今ではソフトウエアのサブスクの成功例として、Adobeは広く認知されている。

デジタル商材のサブスクを提供する代表的な企業としては、ソフトウエアではAdobeの他、Microsoftやマネーフォワードがあり、デジタルコンテンツではNetflixやAmazon.comなどが挙げられる。近年は、デジタル商材以外のサブスクも増加し、あらゆる業界・商材で展開されている（**図表1-1**）。

自動車

トヨタ自動車「KINTO」、日産自動車「NISSAN ClickMobi」、ホンダ「Honda マンスリーオーナー」

家具・家電

パナソニック「Panasonic Store Plus」（美容家電、ペットカメラ）、iRobot「ロボットスマートプラン+」（ロボット掃除機）、subsclife

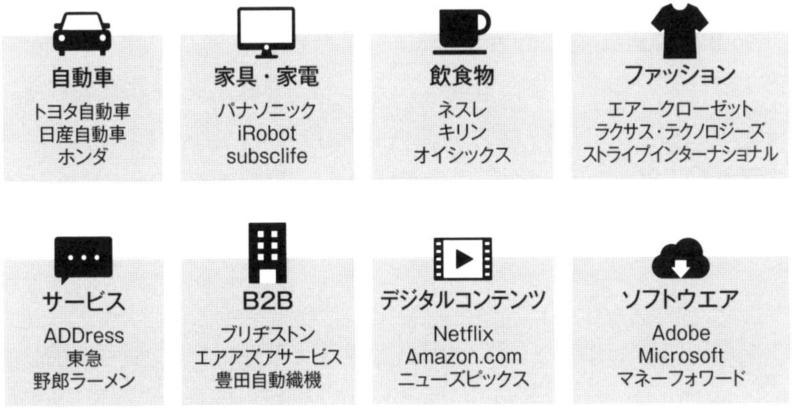

図表1-1　サブスクサービスの広がり
出所：筆者

飲食物

ネスレ「定期お届け便」、キリン「ホームタップ」、オイシックス

ファッション

エアークローゼット「airCloset」、ラクサス・テクノロジーズ「ラクサス」（高級ブランドバッグ）、ストライプインターナショナル「MECHAKARI」

サービス

ADDress（多拠点に定額で住み放題）、東急「Tuy Tuy」（定期券保有者向けサービス）、野郎ラーメン（ラーメンを1日1杯食べられる）

B2B

ブリヂストン「TPP」（タイヤ）、エアアズアサービス（空調）、豊田自動織機（自律走行ロボット）

デジタルコンテンツ

Netflix、Amazon.com「Amazonプライム」、ニューズピックス「NewsPicks」

ソフトウエア

Adobe「Creative Cloud」、Microsoft「Microsoft 365」、マネーフォワード

矢野経済研究所によると、国内のサブスクサービスの市場規模は2019年度から2023年度にかけてCAGR（年平均成長率）14％で成長し、2022年度には1兆円を超えるとされている※。この市場規模の

算定はB2C（Business to Consumer）のみを対象としているため、B2B（Business to Business）も含めるとさらに大きな市場が広がっているといえるだろう。

※出所：矢野経済研究所「サブスクリプションサービス市場に関する調査（2021年）」2021年4月13日発表、CAGRは筆者にて算出

1-2 サブスクが流行する背景

なぜ、これほどサブスクが脚光を浴びているのだろうか。その背景には、モノ売りの限界、「所有から利用へ」という消費者意識の変化、IT・インターネットの進歩、それらに伴う企業の競争要因の変化が挙げられる。

ここでは「モノ売りの限界」という観点で解説する。近年、多くの業界の市場が成熟している。消費者ニーズが多様化する一方で、商品の機能による差異化の余地は小さく、企業は消費者にとってさほど重要ではない商品・サービスの「改良」や「機能追加」などに注力している。

例えば家電業界では、企業側の販売計画により毎年のように各社から新製品が発売されているが、多くの消費者は製品ごとの違いをほとんど認識していない（「A社とB社の製品の違い」や「2年前と今年のモデルの違い」を明確に理解している消費者がどれほどいるだろうか）。一方、消費者の立場に立てば、家電は耐久消費財なので比較的長期間利用し、商品によっては高額で、購入する際には十分に比較検討する。さらに、これまで使用していたモノの廃棄など、後処理の問題もある。企業と消費者の行動は合っておらず、従来のモノ売りビジネスは、もはや限界に達しているともいえる。

音楽や動画などのデジタルコンテンツや、コーヒーや酒などの消費財においても、消費者のニーズは多様化しており、消費者は「自分に合ったモノ」を選びたいと思う一方で、選択の過程自体が手間だとも感じている。

こうした消費者にとっての金銭的・心理的なハードルを取り除く方法の一つとしてサブスクがある。例えば先の家電業界にサブスクを採り入れると、消費者は「気に入るかどうか分からないが、とりあえず試してみる」という選択ができるようになる。また、1年後に新しい機種が出ても、サービスの契約条件によっては追加支出なしで最新機種に乗り換えることができ、家電の買い替えに伴う廃棄の手間からも解放される。コーヒーや酒、衣服など、消費者の趣味嗜好が多岐にわたる分野では、消費者ごとに「自分に合ったモノ」をレコメンドされることで、選択の手間が軽減され、消費者自身が気付いていなかった新たなモノとの出合いを得られるというメリットがある。

1-3 サブスクの本質

一部のメディアでは「サブスクというはやり言葉に踊らされるな」という論調も展開されているが、本当にそうなのだろうか。答えはノーだ。サブスクの背景や本質を正しく理解すれば、サブスクは企業が取り組むべきビジネスモデルの一つだと理解できる。しかし、サブスクについての正しい理解が欠如したまま、ただ流行を追いかけてサブスクサービスを始める事例が増加しているのも事実である。

「売り切り」と「サブスク」を比較することで、サブスクの本質についての理解を深めたい。ここでは説明を分かりやすくするため、「売り切り」は商品・サービスを１回の課金で売り渡すことを指し、「サブスク」は継続課金とする。課金方法が違うので利益回収の考え方も異なる。**図表1-2**は売り切りとサブスクの財務モデルを比較したグラフである。上が売り上げ、下が原価や販促費などの費用である。

例として自動車などの耐久消費財を考えると、売り切りでは販売時に売り上げと費用が計上されるため、販売時に利益が確定する。しかし、サブスクは契約後に顧客が継続利用することで初めて利益回収できるため、顧客が早期解約すると利益を出せなくなってしまう。一方で、収益獲得機会の観点では、売り切りが販売時の１回のみであるのに対し、サブスクは顧客が利用する限り継続的に収益・利益を獲得できる可能性がある。

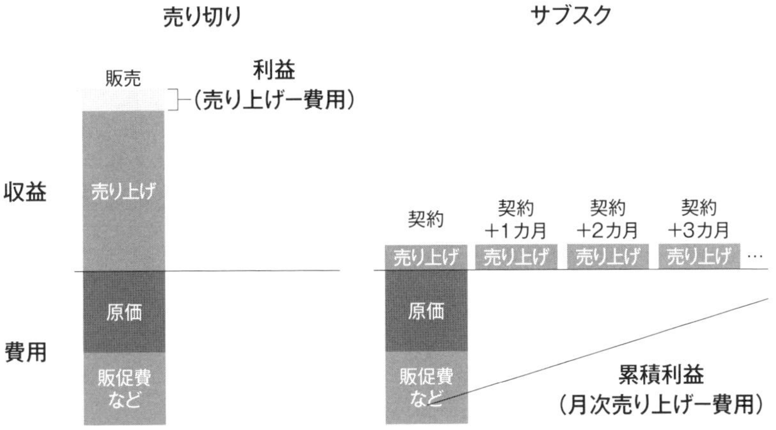

図表1-2　売り切りとサブスクの財務モデル（ユーザー当たりの利益回収）
図の例では、耐久消費財を前提として原価は初回のみ発生するものとしている。耐久消費財でも耐用年数が１年超の場合は、原価は減価償却費として毎月発生する。飲食物・サプリメントなどの消費財の場合は、毎月原価が発生する。
出所：筆者

売り切りとサブスクは事業のゴールが異なる。売り切りの場合は「商品・サービスの販売」が事業のゴールだが、サブスクでは「顧客との継続的な関係構築」がゴールになる（**図表1-3**）。

例として、耐久消費財である家電業界で考えてみる。売り切りの場合、事業のゴールは「家電商品の販売」なので、企業にとって「販売後に消費者がどのようにその商品を利用しているか」「利用に際してどのような課題を抱えているか」を考慮するメリットは薄い。マーケティングや営業担当者の評価指標は「販売台数」であり、顧客に対する販売後のカスタマーサポートは、収益につながらないコストセンター（コストだけが集計され、収益は集計されない部門）と見なされている。

一方のサブスクは、顧客の継続利用を前提としているため、「顧客との継続的な関係構築」がゴールとなる。そのために、マーケティングや営業担当者の評価指標は「契約者数と継続率」に変更する必要が

	売り切り	サブスク
課金方法	1回ごとの課金	継続課金（&定額課金）
収益機会と利益回収	販売時に利益確定するが、収益獲得は一度きり	長期的な利益回収が必要だが、継続的な収益獲得機会が得られる
事業のゴール	商品・サービスの販売	顧客との継続的な関係構築
事業成長の手段	不確実性の高い施策での事業成長が必要 ●新製品開発 ●プロモーション施策	顧客との継続的な関係構築が事業成長に直結 ●顧客ニーズを反映したアップデート ●顧客への継続的なサポート

図表1-3　売り切りとサブスクの違い
出所：筆者

あり、また、カスタマーサポートはもはやコストセンターではなく、顧客に継続利用を促して継続率を高めるプロフィットセンター（利益を生み出す部門）として位置付ける必要がある。

　また、事業成長の手段という観点では、売り切りは「商品・サービスの販売」がゴールなので、新製品開発やプロモーションなどを実施し、売れるかどうか分からない不確実性の高い施策で事業成長を目指す必要がある。一方のサブスクは、顧客ニーズを反映したサービス内容のアップデートや、顧客がストレスなく継続利用できるようなサポートなど、顧客との継続的な関係構築が事業成長に直結する。

　このように、売り切りとサブスクは顧客と企業の関係性が異なる。売り切りは販売がゴールのため、企業が販売後に顧客と関係を構築するインセンティブは少ない。一方のサブスクは、顧客の継続利用が不可欠となり、そのために、顧客に継続的にメリットを提供し続ける必要がある。「顧客が継続的に利用する」ことが企業と顧客の双方のメリットとなるため、企業は「顧客との継続的な関係構築」を目指す必要がある。

　また、経営層の視点では、製品の売れ行きが顧客の動向に左右される売り切りに対し、サブスクは安定した収益を元手に長期的な投資がしやすくなり、事業成長の見通しが立てやすくなるというメリットがある。投資家からもサブスク事業は高く評価され、例に挙げたAdobeの場合、サブスク方式への移行直後は短期的に売上高が減少するなどして株価は下がったが、その後数年をかけてサブスクの意義が理解され、2011年から10年間で株価は18倍以上になっている。

サブスクが単なるはやり言葉ではないことがお分かりいただけただろうか。サブスクの本質は、「顧客が継続して利用したいと思えるようなメリットを提供し続ける」こと、つまり、「顧客との継続的な関係を構築することで企業と顧客がwin-winの関係になる」ことにある。市場が成熟した多くの業界にとって、サブスクは顧客との新たな関係を構築するきっかけとなり得るビジネスモデルなのだ。

1-4 サブスク事業の実情

サブスクに取り組む企業が増加する一方で、サービス開始後に会員数が伸び悩む事例や、事業撤退に至る事例など、「失敗」といえる事

調査目的	サブスク事業経験者の事例からサブスク事業の実績と失敗要因を探り、示唆を得ること ※回答者は過去に経験したサブスク事業から1つの事業を選択して回答
手法	インターネット定量調査
回答者数	スクリーニング調査828人、本調査500人
対象者の条件	日本全国の一般企業従事者のうち、事業化済みのサブスク事業に携わった経験者 ※対象者に提示したサブスク事業の定義は以下の通り ●売り切りではなく継続課金で利用者からお金をいただくビジネスモデル ●対象として、動画配信や音楽配信などのデジタルコンテンツ配信サービスだけではなく、飲食や洋服、化粧品、食品、家具や自動車などの様々なものを含む ●インターネットなどの活用により、月額料金などの定額を支払うことにより、契約期間中、商品やサービスを好きな期間に、好きなだけ利用できるようなサービスを含む ●以前から提供されている新聞・雑誌の定期購読、通信サービス・携帯電話の契約、賃貸契約などは除く
実施時期	2021年1月

図表1-4　調査概要
出所：筆者

例も報道されるようになった。だが、失敗したサブスク事例について詳細が語られることは少ない。責任問題やステークホルダーとの関係があり、企業としても失敗事例は公にできないからだろう。

そこで筆者らは、サブスク事業が失敗に至る要因を明らかにし、それを基にした教訓を得るために、サブスク事業経験者への調査を実施した（**図表1-4**）。

この調査結果は第２部で詳しく説明するが、最も重要な結果だけここで紹介する。回答者が経験したサブスク事業において、最も重要なKPI（重要業績指標）の達成率が100％に満たないケースは「91％」であった。企業において最重要KPIが計画に満たないことは「失敗」と同義であり、筆者らはこの結果から「91％のサブスク事業が失敗している」と判定した。なお、同様の調査を「新規事業」について実施し

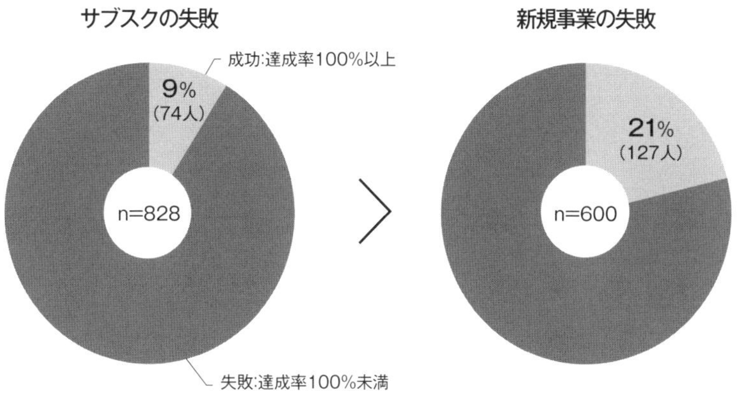

図表1-5　最重要KPIの達成率
「事業化承認時に設定されていたKPI（重要業績指標）に対して、どの程度達成したか。例：現在が事業化開始から1年目の場合、事業化承認時に記載した１年目の計画値に対する達成率を入力」という設問に対する回答。出所：筆者

た際、最重要KPIの達成率が100%に満たないケースは79%だった（筆者らが2020年3月に実施した「新規事業に関する実態調査」より）。これらの結果は、「サブスク事業は通常の新規事業よりも失敗する割合が高い」ことを示している（**図表1-5**）。

本書のテーマは、「なぜ91％のサブスクは失敗するのか？」、言い換えれば「なぜ9%のサブスクしか成功しないのか？」である。この問いに答えるべく、筆者らは調査結果を分析し、成功事例と失敗事例を比較検討することで、「失敗するサブスクの特徴」を導き出した。こうした分析に、筆者ら自身のサブスク事業におけるコンサルティングで得た知見や、サブスク事業経験者へのインタビューを加え、「サブスク事業の失敗要因」の特定に至った。第２部の冒頭で改めて説明するが、本書の第２部では「失敗するサブスクの特徴」を、第３部では「9つの失敗要因と成功策」について解説する。

第1章のまとめ

- サブスクは「製品やサービスなどの定期利用に対して支払う定額の課金方式」であり、近年ではデジタル商材にとどまらず、多くの企業が取り組むビジネスモデルの一つである。

- サブスクが流行している背景の一つとして「モノ売りの限界」があり、企業は新たなビジネスモデルとして、サブスクを選択肢に入れる必要が出てきている。

- サブスクは単なる継続課金方式ではなく、その本質は、企業が顧客との継続的な関係を構築することで、企業と顧客のメリットが合致することにある。

- 筆者らの調査では、サブスク事業の91%が最重要KPI未達＝失敗しており、本書では失敗要因の分析と、それから導き出した成功策をお伝えする。

第2章　サブスクのビジネスモデル

第2章は、サブスクのビジネスモデルを解説する。社内のプロジェクトメンバーとの認識合わせや経営層への説明などに使うことを想定して書いているので、ぜひ活用してほしい。サブスクを説明すると必ず出る質問は、「リカーリングやリース、レンタルと何が違うのか」である。そこで、一般的なビジネスモデルを定義したうえで、商材別のサブスクビジネスモデル、リカーリングとサブスクの違い、リースやレンタルとサブスクの違いについて解説する。

2-1 ビジネスモデルとは

まず、一般的な「ビジネスモデル」についての定義を確認する。「ビジネスモデル」は論者によって様々な定義が存在するが、本書では「顧客に価値を与えることで、企業が利益を得る仕組み」と定義する。これは、「イノベーションのジレンマ」や「ジョブ理論」で知られるハーバード・ビジネス・スクールのクレイトン・クリステンセン教授らが、論文『Reinventing Your Business Model（邦題：ビジネスモデル・イノベーションの原則）』（2008年）にて示した定義を基にしている。同論文では、ビジネスモデルの構成要素を「顧客提供価値」「利益方程式」「プロセス」「経営資源」の4要素と定義している。

本書ではこの4要素を参照しつつ、以下の3要素に再構成してビジネスモデルを解説する（**図表2-1**）。

顧客提供価値

顧客が抱える課題（悩み、懸念）を起点として、それらを解決するための提供物や提供方法。

業務プロセスと経営資源

顧客提供価値を実現するために必要となる、業務プロセス（研究開発、製造、マーケティング、販売、物流など）や経営資源（人材、技術、製品、設備、情報、流通チャネル、ブランドなど）。

財務モデル

上記を実現するために必要となる、収益モデル（契約者数×契約期間×単価）やコスト構造（変動費/固定費、規模の経済性など）、資産回転率など。

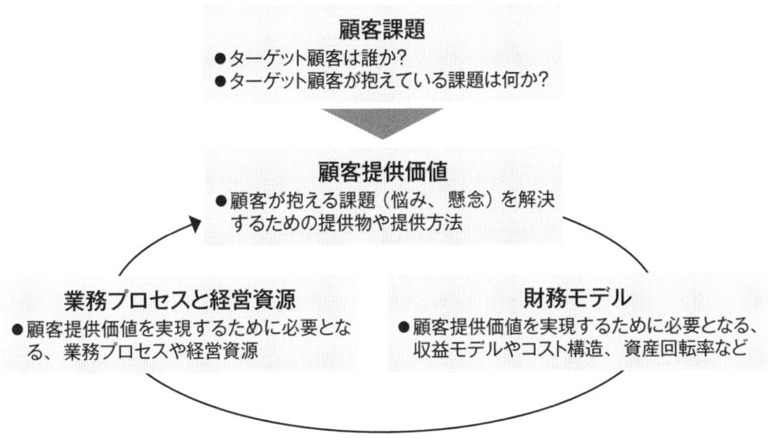

図表2-1　ビジネスモデルの構成要素
出所:『ビジネスモデル・イノベーションの原則』（マーク・ジョンソン、クレイトン・クリステンセン、ヘニング・カガーマン）を参考に筆者作成

ビジネスモデルを設計・分析する際には、顧客課題を起点として、これらの3要素が整合していることが重要となる。

ビジネスモデルの起点は「顧客課題」である。なぜなら、企業が提供するモノ・サービス（顧客提供価値）や、それを支える業務プロセスや財務モデルは、顧客がいないと成り立たないからである。従って、ビジネスモデルを考える際は常に、「ターゲット顧客は誰か？」「ターゲット顧客が抱えている課題は何か？」という、顧客課題から考える必要がある。

「顧客提供価値」とは顧客に提供する「提供物」や「提供方法」であり、具体的には以下に示すものを指している。

商材

商材（モノ・サービス）そのものや、商材の組み合わせ（単体で提供、付帯品とのセットで提供、使い放題）など。

料金

価格の高低や、支払い方法（一括払い、分割払い）など。

提供方法

利用に伴う手続きの多寡、サポートの有無など。

顧客の課題に対し、「どのようなモノ・サービスを」「いくらで」「どのように」提供するか、すなわち顧客提供価値が「解決策」となっていることが必要である。また、「業務プロセスと経営資源」「財務モデル」とは、顧客提供価値を実現しようとしたときに、「どのような業務プロセスや経営資源が必要で」「それはもうかるのか」という視点である。

一般的に、「顧客提供価値」と「業務プロセスと経営資源」「財務モデル」はトレードオフの関係にあることが多い。例えば「安くて高品質」な商品の提供を目的にすると、業務プロセスの簡略化や安価な原料調達によるコストダウンを目指すことになる。結果として「品質」が犠牲になることが多い。

2-2 商材別のサブスクビジネスモデル

サブスクと一口にいっても、業種やサービス内容によって顧客が抱える課題は異なり、それに従って顧客に提供すべき価値や、その提供方法としての業務プロセス、財務モデルも異なる。前節の枠組みに基づいて、商材別にサブスクのビジネスモデルを解説する。具体例として、B2Cの非耐久財（ビール）、半耐久財（ブランドバッグ）、耐久財（自動車）、そしてB2Bの資本財（建設機械）を取り上げる（**図表2-2**）。

2-2-1 B2C非耐久財／例：ビールのサブスク

「家で飲む缶ビールはお店の生ビールのような泡が出ない」という顧客課題を設定すると、生ビールが注げる専用のビールサーバーのレンタルとビール樽の定期配送による「自宅で飲める生ビール」が顧客への提供価値になる。

これを実現するには、既存の業務プロセス・経営資源としてビールの製造工程を流用できるものの、家庭用のビールサーバーの調達や、自社工場から顧客の自宅に直送する物流網などの業務プロセスが新た

	B2C非耐久財 例：ビール	B2C半耐久財 例：ブランドバッグ	B2C耐久財 例：自動車	B2B資本財 例：建設機械
顧客課題	●家で飲む缶ビールはお店の生ビールのような泡が出ない	●ブランドバッグは価格的に手が届かない ●利用シーンやコーディネートに合わせて使い分けたい	●クルマは購入のハードルが高い ●税金の支払いや車検など所有に伴う手続きが煩雑	●高額機器は社内決裁のハードルが高い ●突発的な故障による作業の遅延
顧客提供価値	●自宅で飲める生ビール	●定額料金でのブランドバッグ借り放題 ●レコメンドによる選択の手間削減	●初期費用負担なしでの利用 ●付帯サービスを含めることで手間削減	●初期費用負担なしでの利用、オフバランス化 ●保守など付帯サービスによる金銭的・人的負荷の抑制
業務プロセスと経営資源	●自社工場からの直送	●顧客データを活用したレコメンド精度向上 ●返送後のメンテナンス・補修	●保険業者など外部ステークホルダーとの協業 ●販売店など既存チャネルとの調整	●保守業務体制 ●代理店など既存チャネルとの調整
財務モデル	●配送の都度、原価や送料が発生し、売り切りに近いコスト構造	●ユーザーの借り換えに連動するコスト構造で、在庫の回転率がカギ	●サブスク終了後の中古販売収入や付帯サービス費用など含めたコスト構造	●メンテナンス・保守など付帯サービス費用など含めたコスト構造

図表2-2　商材別のサブスクビジネスモデル
出所：筆者

に必要となる。

財務モデルの観点では、配送の都度、原価や送料が発生するため、他の業種と比べると売り切りに近いコスト構造となり、サブスクの価格設定も比較的容易に決めることができる。

2-2-2 B2C半耐久財／例：ブランドバッグのサブスク

「手が届かない価格なのでブランドバッグに興味がないと思い込んでいるが、実は機会があれば利用してみたい」という顧客課題を設定すると、顧客への提供価値は「定額料金でのブランドバッグ借り放題」となる。また、ブランドバッグは嗜好性が高いため、「利用シーンやコーディネートに合わせてブランドバッグを使い分けたい」という顧客課題に対しては、「レコメンドによる選択の手間削減」が提供価値になる。

これらを実現するには、返送後のメンテナンス・補修などの業務プロセスや、顧客データを活用したレコメンドのアルゴリズムが必要になる。ブランドバッグのサブスクを手掛けるラクサス・テクノロジーズでは、メンテナンスとAI（Artificial Intelligence；人工知能）を活用したレコメンドの仕組みを導入している。常に新品に近い状態のブランドバッグを提供するために自社で補修修繕工場を設け、スマートフォンのGPS（Global Positioning System）機能と全国のブランドショップの位置情報を組み合わせることで、ブランドショップに近づいたときにプッシュ配信でレコメンドする仕組みを作り上げている。

財務モデルの観点では、多種類のブランドバッグを一定数仕入れて顧客に貸し出すモデルのため、顧客と在庫をマッチングさせるために過不足ない水準で在庫を仕入れ、在庫の回転率を高めることがポイントとなる。

2-2-3 B2C耐久財／例：自動車のサブスク

顧客がクルマの購入を検討する際は、初期費用負担が一番のハードルになる。また、所有に伴い発生する税金の支払いや車検、任意保険の加入、メンテナンスなどの手続きも煩雑に感じるだろう。従って、顧客への提供価値は「初期費用負担なし（定額料金）での利用」や「付帯サービスを含めることによる手間削減」となる。

これを実現するには、従来自社で提供していなかった保険などの業務を担う外部ステークホルダーとの協業や、販売店などのチャネルを含めた業務プロセスや評価指標の変更が必要となる。

財務モデルの観点では、売り切りの場合は販売時に利益が確定していたが、サブスク化により車両を自社資産として減価償却していくことになるため、長期的な観点で利益回収を考える必要がある。また、任意保険や自動車税などの付帯サービス費用や、返送後の中古販売収入まで含めて利益を考える必要があるため、売り切りより複雑な財務モデルとなる。

2-2-4 B2B資本財／例：建設機械のサブスク

ここまで説明したのはすべてB2C（消費者向け）だが、サブスクはB2Cにしか適用できないわけではなく、B2B（企業向け）でも可能である。ここでは資本財である建設機械のサブスクを取り上げる。

B2Bでは顧客が企業になるため、消費者向けよりも合理的な購買決定プロセスになる。例えば高額機器を購入する際は固定資産管理が必要になるため、社内決裁のハードルが高くなる。また、建設業者にとっての建設機械のように、事業活動に直接関わる商材の場合は、事業活動の妨げとなる突発的な故障を防ぎたいというニーズもある。これに対する提供価値は、「初期費用負担なし（定額料金）での提供により、社内決裁のハードルを下げ、固定資産の計上を不要にすること（オフバランス）」や「保守などの付帯サービスによる金銭的・人的負荷の抑制」となる。

これを実現するには、従来代理店などに委託していた保守業務体制の見直しや、代理店など既存チャネルとの業務プロセスや評価指標の変更が必要となる。

財務モデルの観点では、B2C耐久財と同様、長期的に利益回収を考える必要があるため、売り切りよりも複雑な財務モデルとなる。

2-3 サブスクとリカーリングの違い

ここからは、サブスクと混同しやすいビジネスモデルを解説する。まずは「リカーリング（Recurring）」である。この言葉は「繰り返される」「再び起こる」「循環する」という意味で、「リカーリングレベニュー（Recurring revenue）＝継続収益」の獲得を目的としたビジネスモデルを指している。

リカーリングとして有名なビジネスモデルの一つに、「レーザー＆ブレードモデル」がある。これは、最初に購入される製品を安価に提供し、より利幅の大きい消耗品や保守サービスで継続的にもうけるビジネスモデルである。「レーザー＆ブレード」という名称は、世界で初めて替え刃式カミソリを製品化した米国のGillette社が、カミソリ本体を格安で販売し、替え刃で利益を上げる事業戦略を展開したことを起源としている。

今では他の業界にも広がっている。例えば、携帯電話の機器と通話／通信料、プリンターや複合機の機器とトナー、ゲーム機のハードウエアとソフトウエアなども同じモデルである。

リカーリングとサブスクの関係を図に示す（**図表2-3**）。リカーリングを「広義」と「狭義」に分けた方が理解しやすく、便宜上「広義のリカーリング」「狭義のリカーリング」と呼んで解説を進める。

「広義のリカーリング」とは、すべての継続課金モデルを含む。すなわち、レーザー＆ブレードモデルに加え、サブスク、リース、割賦販売など、継続収益を得るすべてのビジネスモデルを含む概念である。この定義の場合は、サブスクはリカーリングモデルの一つとなる。厳密にいえば、「売り切り」の対義語はサブスク（継続課金モデルの一部）ではなく、リカーリング（継続課金モデルすべて）になる。第1章では分かりやすさを優先して、売り切りとサブスクを対比して解説した。

「狭義のリカーリング」とは、レーザー＆ブレードモデルや公共料金など、使用量に応じて料金が変動する従量課金モデルを指す。この定義の場合は、定額課金を指すサブスクと従量課金のリカーリングは

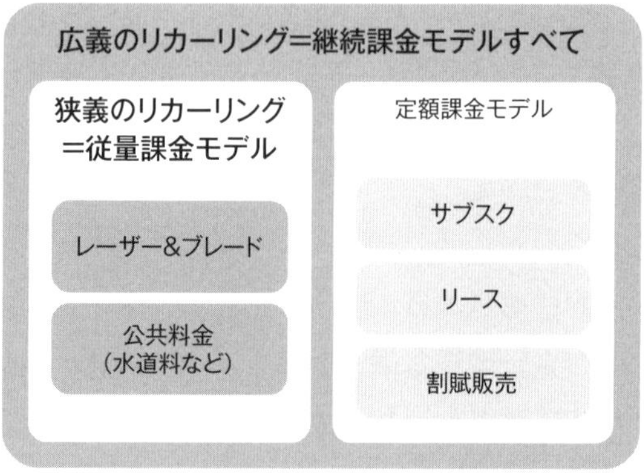

図表2-3　リカーリングとサブスクの関係
出所：筆者

異なる概念となる。

一般にリカーリングといえば「広義のリカーリング」を指すことが多いが、「狭義のリカーリング」を指す場合もある。話者によって定義が異なる可能性がある言葉なので、特にプロジェクトメンバーや経営層に説明する際、認識の齟齬が起きないように注意したいポイントである。

2-3-1 ソニーグループの事例

リカーリングの成功例として知られるソニーグループの事例を紹介する。ソニーグループは家電に代表されるエレクトロニクス事業が主流だったが、近年は事業の取捨選択を進め、2019年度にはサービスやソフトウエアで継続的に稼ぐリカーリングの売上比率が5割を超え

類型	事業分野	詳細
レーザー&ブレード	ゲーム	PlayStation本体（ハード）を普及させ、ソフトで稼ぐモデル
	エレクトロニクス	デジタルカメラ（ハード）の交換用レンズで稼ぐモデル
サブスク	金融	生保、損保、介護事業など、定額課金のサービス事業
	ゲーム	好きなタイトルを遊び放題の「PlayStationNow」やオンラインマルチプレイができる「PlayStationPlus」といった定額課金モデル
	エレクトロニクス	aiboは本体価格19万8000円に加え、本体アップデートや育成データ管理を行う月額2980円の「ベーシックプラン」加入が必須
	半導体	半導体画像センサーの売り切りに加え、AIを使った画像解析サービスなど、ソフトウエアやサービスとの一体販売を予定している（従量課金/定額課金のどちらになるかは未発表）
狭義のリカーリング（従量課金）	映画・音楽	映画・音楽コンテンツのIP（知的財産）を動画・音楽配信プラットフォームに提供し、従量課金でライセンス利用料を得るモデル

図表2-4　ソニーグループのリカーリング事業
出所：筆者

ている。**図表2-4**は、ソニーグループが取り組むリカーリング事業を、リカーリングの類型と事業分野で整理分類した表である。メーカーでありながら「モノ売り」にとらわれず、顧客課題に応じて事業に適したリカーリングモデルを取り入れており、学べる点は多い。

2-4 サブスクとレンタル、リース、割賦販売の違い

　続いて、レンタルやリース、割賦販売とサブスクの違いを紹介する。以下に項目の言葉の定義を紹介し、サブスクとの比較を表にまとめた（**図表2-5**）。

	販売（売り切り）	割賦販売	リース	サブスク	レンタル
商流	メーカー→（販売店/代理店）→ユーザー	メーカー→リース会社→ユーザー	メーカー→リース会社→ユーザー	メーカーなどのサービス提供者→ユーザー	メーカー→レンタル会社→ユーザー
所有権	販売時にユーザーに移転	リース会社に残り、完済時に買手に移転	リース会社に残る	メーカーなどのサービス提供者に残る	レンタル会社に残る
契約期間	ー	中長期（任意設定）	中長期（耐用年数に基づき設定）	中期～長期（1カ月～数年）	短期（日・週・月単位）
中途解約	ー	原則不可	原則不可	**可**	可
保守・修繕義務	ユーザー	ユーザー	ユーザー	ユーザー/サービス提供者どちらの場合もある	レンタル会社
商品・サービスの変更	ー	不可	不可	可能な場合がある	不可（変更する場合は再契約）
メーカーの収益計上タイミング	販売時に一括計上	リース会社への販売時に一括計上	リース会社への販売時に一括計上	**毎月継続的に計上**	レンタル会社への販売時に一括計上

図表2-5　販売（売り切り）、割賦販売、リース、サブスク、レンタルの比較
出所：筆者

レンタル

日単位や週単位など、比較的短期間の利用を前提として賃貸借する取引。

リース

数年にわたって、比較的高額な機器や設備などを賃貸借する取引。

割賦販売

分割払いによる販売取引。

図表2-5で示している項目を補足しよう。

商流

自社をメーカーと仮定した際の取引の流れ。売り切りは販売店（B2C）や代理店（B2B）、割賦販売やリースはリース会社、レンタルはレンタル会社といった中間流通業者を介した取引が一般的だが、サブスクはメーカーなどのサービス提供者がユーザーに直接提供する商流（D2C：Direct to Consumer）が多い。

所有権

モノの所有権が移転するタイミング。売り切りは販売時に所有権が移転、割賦販売は完済時に所有権が移転するが、それ以外は所有権移転が起きない。

契約期間

一般的な契約開始から終了までの期間。割賦販売やリースは中長期、レンタルは短期、サブスクは中期～長期という特徴がある。

中途解約

契約期間中の中途解約の可否。割賦販売やリースは中途解約不可だが、サブスクやレンタルは中途解約可能という特徴がある。

保守・修繕義務

対象となるモノの修繕の実施者。売り切りや割賦販売、リースはユーザーとなるが、サブスクは契約内容に応じてユーザーの場合もサービス提供者の場合もある。レンタルはレンタル会社が義務を負う。

商品・サービスの変更

契約後の商品・サービスの変更可否。割賦販売やリース、レンタルは特定のモノに対する契約なので変更不可。一方サブスクは、契約内容によっては特定のモノに限らず利用できる（使い放題など）ため、変更可能な場合がある。

メーカーの収益計上タイミング

自社をメーカーと仮定した場合の収益計上タイミング。売り切りでは販売時に一括計上。リースや割賦販売、レンタルでは中間流通業者への販売時に一括計上。サブスクは一般的に自社が契約主体となるため、毎月継続的に計上される（一括計上されない）という特徴がある。

サブスク事業を検討する際は、これらの違いを念頭に、「サブスクありき」で考えるのではなく、「顧客課題を解決するには、どの提供方法が最も相応しいか」という観点で考える必要がある。サブスクは企業の目的を達成するための、手段としてのビジネスモデルの一つにすぎない。

第2章のまとめ

- ビジネスモデルは「顧客に価値を与えることで、企業が利益を得る仕組み」であり、顧客課題を起点として、「顧客提供価値」「業務プロセスと経営資源」「財務モデル」の3要素を考える必要がある。

- サブスクと一口にいっても、業種やサービス内容によって顧客が抱える課題は異なるため、顧客に提供すべき価値や、その提供方法としての業務プロセス、財務モデルは異なる。

- サブスクと混同されやすい言葉の一つに「リカーリング」があり、広義ではすべての継続課金モデルを指すため、サブスクはリカーリングモデルの一つとなる。

- レンタル、リース、割賦販売もサブスクと混同されやすい言葉であり、サブスクは中途解約、収益計上タイミングなどの観点で特徴がある。

第2部

失敗するサブスクの特徴

第2部と、次の第３部では、本書のテーマである「91%のサブスクはなぜ失敗するのか？」の問いに向き合い、失敗分析を深めることで、成功策を探っていく。サブスク事業経験者への調査結果（「91％のサブスクが失敗している」）を「事実」として捉え、その調査結果を分析することで「失敗するサブスクの特徴」（第２部）を説明し、その特徴などから導き出した「９つの失敗要因と成功策」（第３部）を解説する（**図表**）。

第2部ではサブスク事業経験者500人に対して実施した「サブスク事業の実態調査」を基に、以下のアプローチで「失敗するサブスクの特徴」を紹介する。

●調査結果の「最も重要なKPI達成率」を基準として、「最重要KPI達成率100％以上＝成功した事業（以下、「成功層」と呼ぶ）」「100％

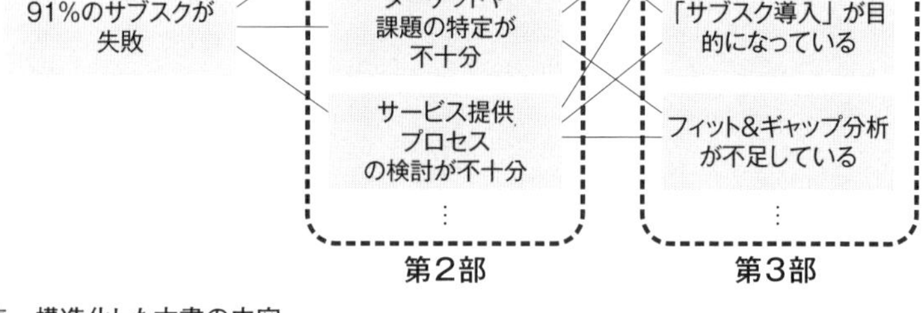

図表　構造化した本書の内容
出所：筆者

未満＝失敗した事業（以下、「失敗層」と呼ぶ）」と定義し、各設問の回答について、成功層と失敗層で有意な差が出ているものを「失敗するサブスクの特徴」とする。

- 「失敗するサブスクの特徴」を3つのカテゴリーに分類し、「検討プロセス編」（第３章）、「組織編」（第４章）、「サービス内容と運用編」（第５章）として紹介する。

- 個々の「失敗するサブスクの特徴」は、調査結果を紹介したうえで、「91%のサブスクが失敗」という事実との因果関係を解説する。

第3章 失敗するサブスクの特徴／検討プロセス編

調査結果から得られた「失敗するサブスクの特徴」の３つのカテゴリーのうち、１つ目の「検討プロセス」に関連するものには、「インターネットリサーチが中心」「ターゲットや課題の特定が不十分」「サービス提供プロセスの検討が不十分」「サービス提供の準備不足」の４つがある。

3-1 失敗層の特徴①インターネットリサーチが中心

3-1-1 調査結果「サブスク事業に関わる業務で実施した調査・情報活用」

「サブスク事業に関わる業務で実施した調査・情報活用」を尋ねた

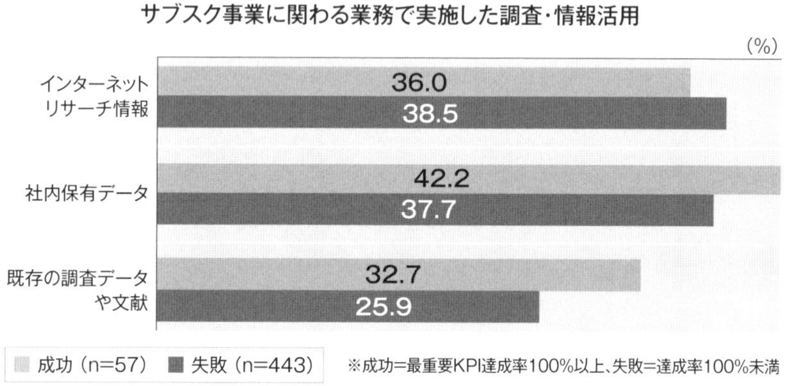

図表3-1　「サブスク事業に関わる業務で実施した調査・情報活用」に関する調査結果
出所：筆者

結果が**図表3-1**である。選択肢は「インターネットリサーチ情報」「社内保有データ」「既存の調査データや文献」の３つである。成功層は「社内保有データ」（42.2％）を最も多く調査・情報活用しているが、失敗層は「インターネットリサーチ情報」（38.5％）が最も多い。「既存の調査データや文献」はどちらも３番目だが、成功層は32.7％、失敗層は25.9％で、失敗層は成功層より6.8pt（ポイント）低かった。

3-1-2「インターネットリサーチが中心」が失敗につながる理由

この結果からいえる失敗層の特徴は、「インターネットリサーチ情報」中心で、「既存の調査データや文献」はあまり参考にしていない、となる。この特徴が失敗にどのようにつながるのだろうか。

もちろんインターネットリサーチで有用な情報も得られるが、情報が断片的になり、サブスク事業の検討不足を招きやすくなるのは否めない。例えばインターネットで調べた結果、「サブスクとは継続課金モデルである」ということが分かったとしよう。極端な例ではあるが、この情報をもってサブスク事業を始めようとしても、具体的に何を検討すべきかが分からず、場当たり的な検討を繰り返してしまい、結果として失敗に至るというのは想像に難くない。

では、失敗層が軽視した「既存の調査データや文献」を重視すればよかったのだろうか。それは「対象事業によって異なる」と答えるのが正しいだろう。なぜなら、世の中に流通しているサブスク関連の記事や書籍で挙げられる事例は、動画・音楽配信などのデジタルコンテンツや消費者向けの商材（B2C）を前提としていることがほとんどで、製造業などが提供するモノや企業向け商材（B2B）について取り上げているものはほとんどないからだ。

第２章で説明したように、同じサブスクでも商材特性による違いは大きく、特に製造業では以下の特徴があり、検討すべきポイントはデジタルコンテンツよりも格段に多くなる。

バリューチェーンの長さ

研究開発・製造・マーケティング・販売・物流・アフターサービス……と、デジタルコンテンツよりもバリューチェーンが長い。

モノに伴う検討事項の多さ

物流、部品や工程ごとの在庫管理・原価管理・品質保証、（耐久消費財の場合は）メンテナンスや廃棄など。

具体例として自動車業界を考えてみると、既に多くの販売店網を抱えていることから、サブスクを導入する際には、販売店をどう巻き込むか、売り切りとサブスクのカニバリゼーション（売り上げの食い合い）にどう対処するか、販売店の評価体系は変更すべきか、など、チャネルだけでも多くの検討すべきポイントがある。

3-2 失敗層の特徴②ターゲットや課題の特定が不十分

3-2-1 調査結果「ターゲットの具体化」

サブスクの「ターゲットの具体化」に関連する調査結果が**図表3-2**である。「抽象的な定義ではなく、解決したい課題やニーズとの因果関係が想像できる特徴が捉えられ、その人や企業が実在するものとして想像できるレベルまで具体的になっているかどうか」を確認した設問で、選択肢は「非常に具体的だった」「具体的だった」「どちらかといえば具体的だった」などがある。「非常に具体的だった」と答えたのは、成功層が26.3％、失敗層が7.9％で、18.4ptの差があった（**図表3-2**）。この結果から、失敗するサブスクの特徴は、「ターゲットの具体化が不十分」といえる。

3-2-2 調査結果「課題・ニーズの具体化」

サブスクの「課題・ニーズの具体化」に関連する調査結果が**図表3-3**である。「抽象的な定義ではなく、提供するソリューション（製品・サービス）につながるようなレベルで具体的になっているかどうか」を確認した設問で、選択肢は「ターゲットの具体化」と同じである。

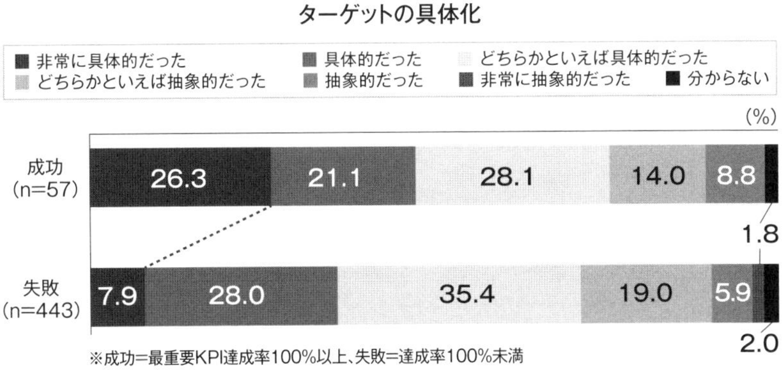

（補足）回答時に提示した条件

ターゲット 抽象的な定義ではなく、解決したい課題やニーズとの因果関係が想像できる特徴が捉えられ、その人や企業が実在するものとして想像できるレベルまで具体的になっているかどうか

（例）ブランドバッグのサブスクリプションサービス

抽象的な例： 20〜35歳の独身女性

具体的な例：（価格的に手が届かないので）ブランドバッグに興味がないと思い込んでいるが、機会があれば利用してみたいと思っている27歳、新宿在住の独身女性

図表3-2　「ターゲットの具体化」に関する調査結果

出所：筆者

「非常に具体的だった」と答えたのは、成功層が15.8％、失敗層が7.9％で、7.9ptの差があった（**図表3-3**）。この結果から、失敗するサブスクの特徴は、「課題・ニーズの具体化も不十分」といえる。

3-2-3「ターゲットや課題の特定が不十分」が失敗につながる理由

なぜ「ターゲットや課題の特定が不十分」だとサブスクは失敗するのか、「顧客」と「取引の継続性」の2つの観点で説明する。

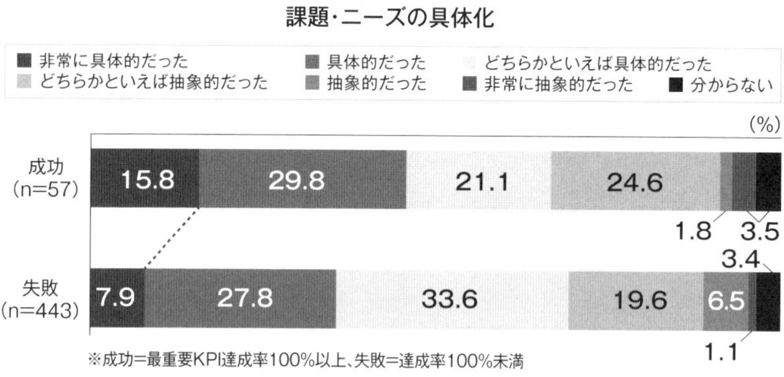

（補足）回答時に提示した条件

課題・ニーズ　抽象的な定義ではなく、提供するソリューション（製品・サービス）につながるようなレベルで具体的になっているかどうか

（例）ブランドバッグのサブスクリプションサービス

抽象的な例：「ブランドバッグを低価格（定額制）で使いたい」
（この場合、「ブランドバッグのサブスク」という抽象的なサービス設計にとどまる）

具体的な例：「高級品のブランドバッグを借りるのは恥ずかしい（マイナス要因）」「コーディネートに合わせてブランドバッグを使い分けたい（プラス要因）」
（この場合、「すべてオンラインで完了する利用手続き」や「利用シーンに合わせたタグ検索」など、具体的なサービス設計ができる）

図表3-3　「課題・ニーズの具体化」に関する調査結果
出所：筆者

「顧客」

「顧客」の観点では売り切りとサブスクの商流の違いで説明できる。売り切りの場合は、B2Cなら卸や販売店、B2Bでも代理店など、中間業者（販売チャネル）を介した商流が一般的である。この場合、ターゲットや課題・ニーズの具体化よりも、チャネルとの関係が優先される。なぜなら、集客力や営業力の高いチャネルを押さえることで売り上げが増え、最終消費者への提供はチャネルが担うので、ターゲットや課題・ニーズを明確にする必要性も薄いためである。

一方、サブスクは中間流通を通さず、自社から顧客に直接提供する商流（D2C）が一般的である。チャネルの力に頼れないので、自社で顧客課題に向き合い、課題解決に資する商品・サービスを作り、プロモーションを展開する必要がある。こうした業務を実践するには、「ターゲットや課題・ニーズの具体化」が欠かせない。故に、これらの具体化が不十分だと失敗してしまうというわけだ。

本書の執筆のためにサブスク事業経験者にインタビューした際、大手家電メーカーでサブスク事業に携わった方から、「売り切りでは家電量販店に納入したら売り上げが立つので、量販店との関係が重要だったが、サブスクは最終消費者を見る必要があり、その発想の転換が難しかった」とのコメントを得ている。

「取引の継続性」

続いて、「取引の継続性」という観点で説明する。売り切りでは「商品を売る」ことがゴールのため、顧客が購入後に「どのようにその商品を利用しているか」「どのような課題を抱えているか」を理解する優先度は低い。しかし、第1章でも示した通り、サブスクは契約後に顧客が継続利用することで初めて利益回収できるため、早期解約は利益を毀損することになる。長く使ってもらうには、「ターゲットや課題・ニーズの具体化」が絶対に欠かせず、それらが不十分ではうまくいくはずもない。

3-3 失敗層の特徴③サービス提供プロセスの検討が不十分

3-3-1 調査結果「サービス提供プロセスの検討」

サブスクの「サービス提供プロセスの検討」に関連する調査結果が**図表3-4**である。「サービスリリースまでに十分検討できた（計画通り）」項目（**図表3-4**左）と、「サービスリリースまでの検討は不十分だった（リリース後に対応）」項目（**図表3-4**右）を選んでもらったところ、成功層は前者（計画通り）を回答した人が多く、失敗層は後者（リリース後に対応）を回答した人が多い。そこには有意な差があり、失敗するサブスクは「サービス提供プロセスの検討が不十分」といえる。

詳細に見ると、「サービスリリースまでに十分検討できた（計画通り）」で失敗層が成功層より回答者の割合が大幅に低いのは、「サービスリリース後の顧客との関係構築体制」と「社外（販売チャネルなど）の業務プロセス・役割分担の変更・設定」の２項目である。同様に、「サービスリリースまでの検討は不十分だった（リリース後に対応）」で失敗層が成功層よりも回答者の割合が大幅に高いのは、「モノのメンテナンス・アフターサービスの業務プロセス」「社内関連部門の業務プロセス・役割分担の変更・設定」「社外（販売チャネルなど）の業務プロセス・役割分担の変更・設定」の３項目である。

これらの結果から、失敗層と成功層で差が大きいのは「業務プロセス」と「リリース後の顧客との関係構築」であることが分かる（失敗層

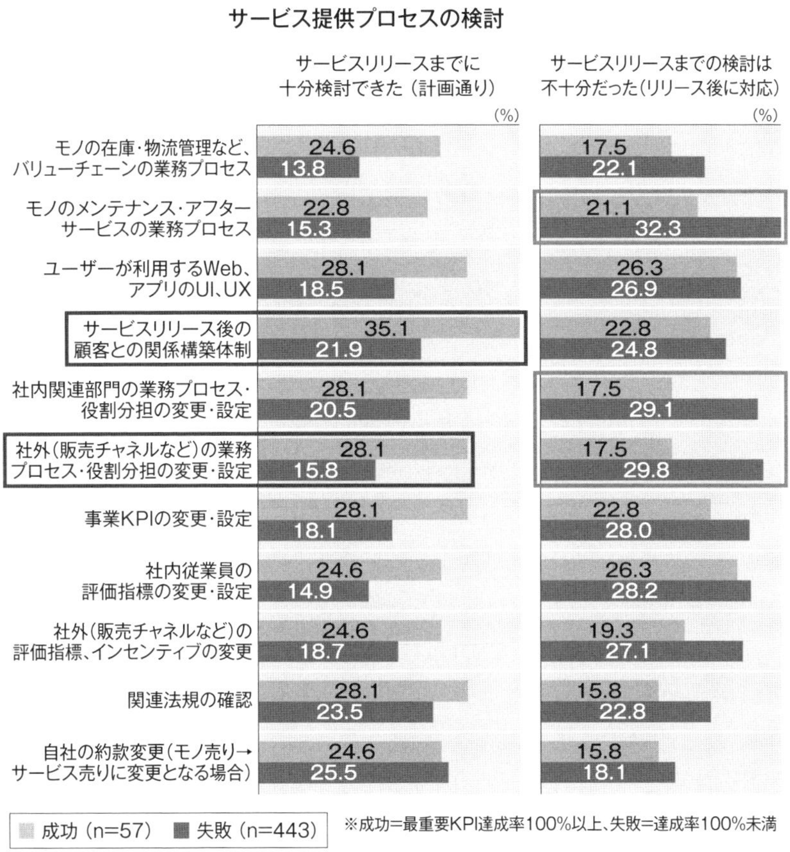

図表3-4　「サービス提供プロセスの検討」に関する調査結果
出所：筆者

は不十分、成功層は十分）。

3-3-2「サービス提供プロセスの検討が不十分」が失敗につながる理由

なぜこれが失敗につながるかといえば、サブスクでは「業務プロセス」と「リリース後の顧客との関係構築」に関して、売り切り以上に多くのことを検討しなければならないからだ。

「業務プロセス」の観点では、特にモノのサブスクの場合、売り切りのときには発生しなかった多くの業務が発生する。例えば、家電などの耐久財やファッション系の半耐久財のサブスクでは、モノの返送というプロセスが発生する。返送に伴う配送、保管などの物流業務や、返送されたモノを再出荷する場合のメンテナンス・品質保証について、新たな業務プロセスが必要となる。特に耐久財では、厳密な品質保証プロセスが規定されている場合が多く、返送されたモノの品質保証基準を設定するためには多くの検討が必要となる。

B2Cのモノのサブスクでは、システム構築が課題となりやすい。売り切りではチャネル経由で販売していたものが、サブスクでは自社からの直接提供になるため、消費者が申し込むためのサイトが必要になる。業務を円滑に進めるためには、申し込み用のサイトと定額課金の決済システムを連携させ、さらに在庫・会計などを管理する既存のERP※とも連携させる必要があるが、筆者らが行ったインタビューではこの構築に時間を要したという事例が多かった。

※ERP（Enterprise Resources Planning）とは、会計、人事、生産、在庫、購買、物流、販売などの基幹情報や経営資源を、統合的かつリアルタイムに処理する基幹業務システムを指す

「リリース後の顧客との関係構築」の観点でも、サブスクでは新たな業務が必要となる。これまで述べてきたように、サブスクは中途解約を抑止して長期利用を促すことが重要となる。しかし、売り切りでは従来、販売店や代理店を介した商流が主流だったため、一人ひとりの顧客を管理するためのCRM（Customer Relationship Management：顧客関係管理システム）が導入されていないことも多い。顧客がサブスクに申し込んだ後、利用状況をモニタリングしてデータ分析する仕組みがなけれ

ば、解約抑止策を打つことができない。この状態で顧客獲得策を進めることは、穴の開いたバケツに水を注ぐようなものである。サブスクは売り切りと異なり、顧客獲得以上に、解約を防ぐ仕組みが重要となる。

3-4 失敗層の特徴④サービス提供の準備不足

3-4-1 調査結果「サービス提供段階での準備」

サブスクの「サービス提供段階での準備」に関連する調査結果が**図表3-5**である。結果を見ると一目瞭然であるが、失敗層は成功層よりも、提供準備ができていた割合が総じて低い。特に「顧客サポートのプロセス・役割分担の整備」で28.5pt、「メンテナンス・アフターサービスの仕組み作り」で18.1ptと成功層との差が大きい。また、「プロ

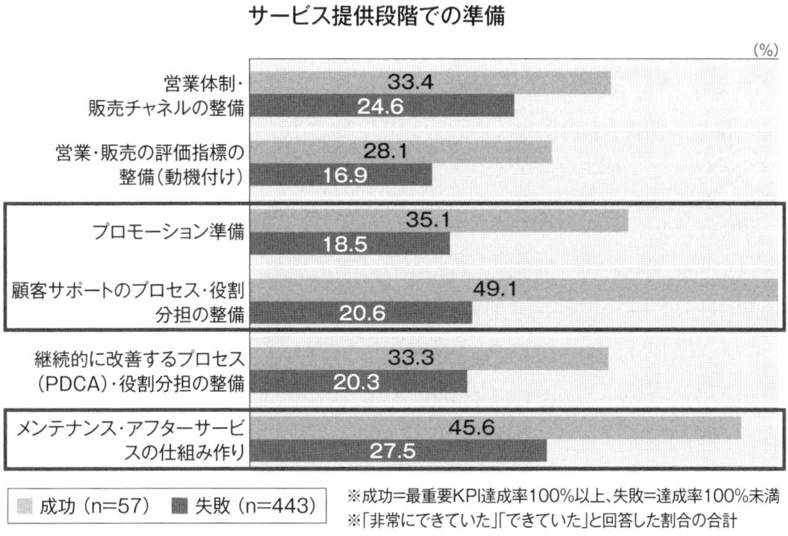

図表3-5　「サービス提供段階での準備」に関する調査結果
出所：筆者

モーション準備」も16.6ptと差が大きく、サービス開発だけでなく、サービス周知に向けた準備も成否に影響を与えているといえよう。これらの結果から、失敗層と成功層で差が大きいのは「プロモーション準備」と「顧客サポート」であることが分かる（失敗層は不十分、成功層は十分）。

3-4-2「サービス提供の準備不足」が失敗につながる理由

「プロモーション準備」の観点を掘り下げてみよう。売り切りでは販売店や代理店を介した商流で、特にB2Cはテレビコマーシャルなど不特定多数に向けたプロモーション施策が主流である。一方のサブスクは、自社が直接顧客を獲得する必要があるため、サービスの認知から契約までの流れを整理する必要がある。例えば「サブスクのサイトが検索しても出てこない」「サイト内の申し込みページまでの導線が分かりにくい」「申込時の規約が長い」「申込時に必要となる入力項目（氏名、住所、カード情報、アンケート情報など）が多い」などは、成約率を下げる要因になり得る。これらが整理されていないと、プロモーションをいくら実施しても成果につながらない。

「顧客サポート」の観点では、サブスクは自社と顧客の直接取引になるため、顧客の利用規約を定める必要がある。販売店や代理店経由の取引では「ここまでは無償サポートの範囲内、ここからは範囲外」という基準を明確に定める必要がなかったが、サブスクでは規約の整備が不十分だと、必要以上に顧客サポートに工数をとられて採算を圧迫しかねない。

このように、サブスクは売り切りとは異なる業務プロセスや提供準備が必要となるため、これらが不十分なままリリースに至ると、結果として本来行うべき顧客獲得施策や解約抑止策に注力できなくなり、サブスクの失敗につながってしまう。

第3章のまとめ

- サブスク事業に関する調査が不十分だと、検討の抜け漏れや、表層的な検討を招き、失敗につながる。

- サブスクは顧客との継続的な関係を構築する必要があるため、ターゲットや課題・ニーズが曖昧なサブスク事業は失敗する傾向にある。

- サブスクは売り切りと比べるとリリース後の取り組みが重要である。サービス提供に向けた検討や準備が不十分だと対応が後手に回り、本来リリース後に行うべき顧客獲得施策や解約抑止策に注力できず、失敗してしまう。

第4章　失敗するサブスクの特徴／組織編

調査結果から得られた「失敗するサブスクの特徴」の３つのカテゴリーのうち、２つ目の「組織」に関連するものには、「ノウハウなく見切り発車している」「新規事業開発の人材が不足」「関連部門との調整に追われる」「承認時のチェック不足」がある。

4-1 失敗層の特徴⑤ノウハウなく見切り発車している

4-1-1 調査結果「サブスク事業を進める具体的なノウハウ」

「サブスク事業を進める具体的なノウハウ」に関連する調査結果が**図表4-1**である。結果を見ると一目瞭然で、失敗層は成功層よりも、具体的なノウハウが十分ないまま進めており、「サブスク事業を見切り発車している」といえる。特に「ビジネスアイデアの創出・検証」「ビジネスモデル作成」「サブスク事業の合意形成・承認獲得」「販売チャネル構築、プロモーション設計」で差が大きい。

4-1-2「ノウハウなく見切り発車している」が失敗につながる理由

筆者らがインタビューした消費財の企業では、トップマネジメントの鶴の一声でサブスク事業の検討がスタートしたものの、結果は散々で、販売が伸び悩んでしまった。後から調査すると、「安価な商品なのでサブスクを利用する顧客がいない」ことが分かった。その原因は、社内にノウハウがなく、「ビジネスアイデアの検証」を実施しないままサービスを開始したことにあった。また、ビジネスモデルの設計として、利用シーンを想定したサービススペック（月内で利用でき

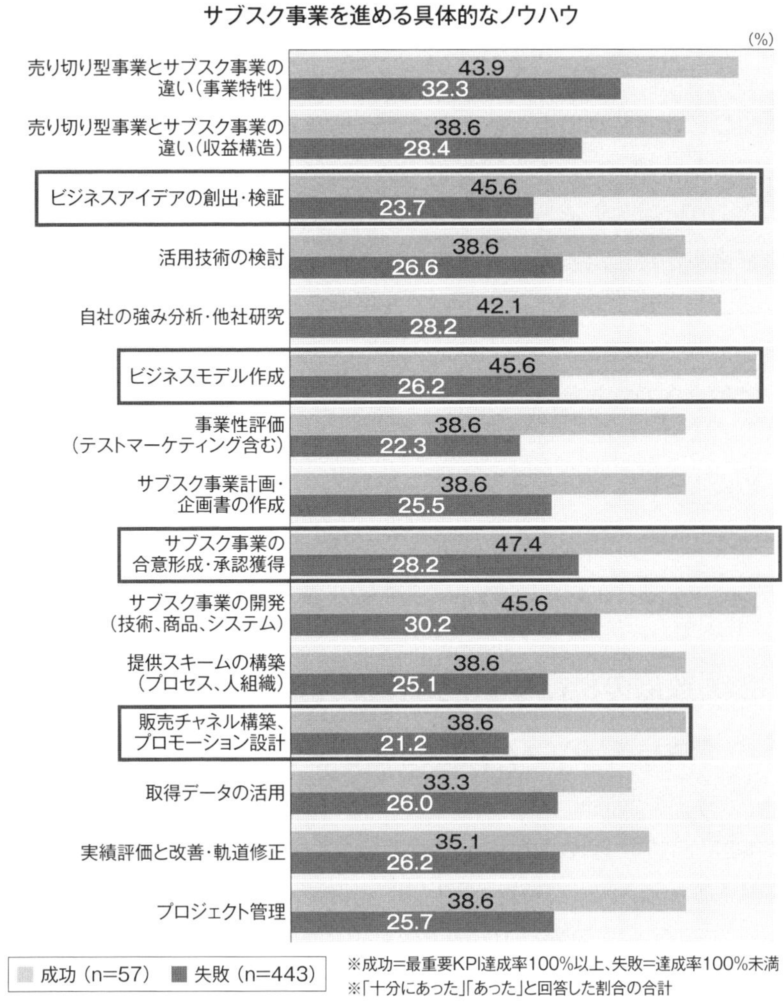

図表4-1　「サブスク事業を進める具体的なノウハウ」に関する調査結果

出所：筆者

る回数制限の設定など）を検討する際、利益確保の観点が抜け落ちていた。結果として、サービス提供開始後に赤字運営となってしまった。

別の事例を紹介しよう。ある家電メーカーは新たにサブスク事業を開始し、サブスクの申し込みサイトを用意したものの、販売は伸び悩んでいた。調べてみると、提供内容（サブスクサービス）と販売チャネル（申し込みサイトなど）には気を配れているが、それを認知するチャネルが抜け落ちてしまっていた。この事象は、リアル店舗で販売していた企業がオンラインでのサブスク事業を開始する際によく陥る落とし穴で、「欲しいお客さまがいるから必然的に売れる」と思い込んでしまうのである。

このように、プロジェクトチームにノウハウが不足していると、本来ならサービス提供開始前に気付いて対策を打てるはずのことが、提供開始後の対応となり手遅れになる。

4-2 失敗層の特徴⑥新規事業開発の人材が不足

4-2-1 調査結果「サブスク事業で不足していた人材要件」

「サブスク事業で不足していた人材要件」に関連する調査結果が**図表4-2**である。全13項目のうち「デジタル領域の専門性」「交渉」「プレゼンテーション」のみ、成功層が失敗層より「人材不足」を感じている。逆にいえば、残り10項目では、失敗層が成功層より「人材不足」を感じている。

失敗層と成功層で極端に違うのは、「新規事業開発のプロセス（進め方）の専門性」と「仮説設計」である。「新規事業開発のプロセスの

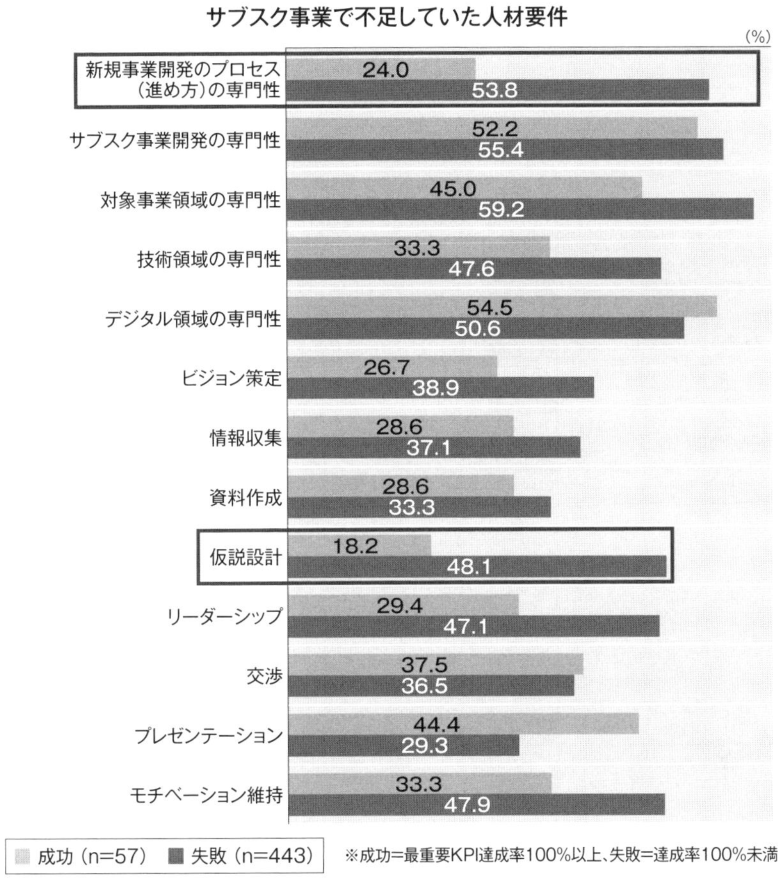

図表4-2　「サブスク事業で不足していた人材要件」に関する調査結果
出所：筆者

専門性を持つ人材が不足していた」と答えたのは失敗層が53.8%、成功層が24.0%で29.8pt（ポイント）の差があり、「仮説設計の人材が不足していた」と答えたのは失敗層が48.1%、成功層が18.2%と29.9ptの差があった。仮説設計は新規事業開発で重要であり、失敗層は「新規事業開発の人材が特に不足していた」といえる。

(%)

		【社内】	【社外】							社内外の支援はなかった	分からない
		社内新規事業支援組織	コンサルティング会社	調査会社	広告代理店	システム会社	デザイン会社	監督省庁	業界団体		
売り切り型事業とサブスク事業の違い（事業特性）	成功	59.6	24.6	8.8	10.5	12.3	5.3	3.5	7.0	12.3	7.0
	失敗	51.0	23.5	13.5	11.5	12.2	7.9	3.6	5.4	17.2	5.2
売り切り型事業とサブスク事業の違い(収益構造)	成功	52.6	21.1	10.5	10.5	7.0	5.3	3.5	3.5	15.8	8.8
	失敗	46.5	19.9	14.2	12.0	12.2	5.4	3.4	4.3	18.7	5.4
ビジネスアイデアの創出・検証	成功	57.9	21.1	7.0	7.0	7.0	5.3	5.3	3.5	15.8	7.0
	失敗	47.9	18.5	11.3	12.0	13.5	7.9	4.1	3.8	19.0	5.4
活用技術の検討	成功	52.6	22.8	5.3	7.0	10.5	5.3	7.0	8.8	12.3	5.3
	失敗	44.5	15.6	11.5	11.7	16.7	7.9	3.4	4.5	17.2	7.7
自社の強み分析・他社研究	成功	47.4	15.8	12.3	10.5	7.0	5.3	3.5	5.3	15.8	10.5
	失敗	47.6	17.8	12.4	7.9	12.6	9.3	3.6	4.3	18.3	6.8
ビジネスモデル作成	成功	56.1	14.0	12.3	8.8	14.0	5.3	3.5	3.5	17.5	5.3
	失敗	45.4	19.2	9.5	12.4	12.2	7.4	6.1	4.5	17.6	7.2
事業性評価（テストマーケティング含む）	成功	42.1	15.8	15.8	8.8	10.5	8.8	3.5	7.0	21.1	5.3
	失敗	42.7	18.1	12.4	10.8	12.6	4.7	3.8	4.3	19.9	7.4
サブスク事業計画・企画書の作成	成功	50.9	21.1	12.3	7.0	8.8	7.0	3.5	5.3	17.5	5.3
	失敗	49.7	16.7	7.7	12.4	11.7	7.7	3.4	3.8	17.2	7.4
サブスク事業の合意形成・承認獲得	成功	57.9	17.5	8.8	3.5	8.8	5.3	5.3	5.3	15.8	7.0
	失敗	47.2	15.8	8.1	9.3	10.2	6.1	4.3	6.1	18.5	7.7
サブスク事業の開発（技術、商品、システム）	成功	54.4	10.5	7.0	14.0	15.8	7.0	7.0	7.0	17.5	5.3
	失敗	47.0	15.1	9.9	8.8	16.7	8.1	5.0	5.0	17.8	6.3
提供スキームの構築（プロセス、人組織）	成功	47.4	19.3	12.3	7.0	8.8	5.3	1.8	7.0	17.5	7.0
	失敗	46.7	16.3	9.9	9.3	11.3	7.9	4.1	2.3	19.4	8.4
販売チャネル構築、プロモーション設計	成功	54.4	15.8	12.3	8.8	7.0	5.3	5.3	7.0	14.0	7.0
	失敗	45.1	15.1	9.5	13.8	14.2	7.0	4.7	3.8	18.5	8.4
取得データの活用	成功	50.9	12.3	8.8	8.8	8.8	5.3	7.0	5.3	19.3	5.3
	失敗	46.0	14.7	10.4	8.4	12.4	7.4	5.9	4.1	21.0	7.4
実績評価と改善・軌道修正	成功	54.4	21.1	7.0	5.3	8.8	7.0	3.5	7.0	17.5	7.0
	失敗	45.1	15.1	10.2	9.9	13.1	5.6	5.2	4.1	18.5	7.7
プロジェクト管理	成功	54.4	12.3	8.8	5.3	15.8	5.3	3.5	7.0	12.3	8.8
	失敗	48.5	12.6	6.5	8.8	12.6	7.0	3.2	4.5	19.9	7.7

[比率の差] 失敗ー成功
5pt　-5pt　-10pt　成功（n=57）　失敗（n=443）

※成功=最重要KPI達成率100%以上、
失敗=達成率100%未満

図表4-3　「不足していた人材要件の支援」に関する調査結果

出所：筆者

4-2-2 調査結果「社内外からのチームへの支援」

人材不足を感じているなら、社内外からチームへの支援は得られたのだろうか。その調査結果が**図表4-3**である。これを見ると、失敗層は成功層よりも全般的に社内の支援を受けた割合が低く、逆にシステム会社から支援を受けている割合が高い。つまり、失敗層はチーム内に新規事業開発のプロセスの専門性を持つ人材が不足していたにもかかわらず、社内新規事業支援組織のサポートも得られていなかった傾向がある。また、システム会社からの支援は受けているが、支援内容を見ると、一般にシステム会社の得意領域ではなく、十分なパフォーマンスが発揮できていなかった可能性が推測される。

4-2-3「新規事業開発の人材が不足」が失敗につながる理由

では、「新規事業開発の人材が不足」という特徴は、いかにしてサブスクの失敗を招いてしまうのだろうか。新規事業開発のプロセスに不慣れだと、必要な検討事項に抜け漏れが発生したり、検討が不十分になったりするリスクが高まる。これにより、必要な検討がなされないまま事業が開始され、開始後に「認知チャネルがない」「顧客が求めていない」「利益が出る収益構造になっていない」など、様々な課題が発生しやすくなる。

よくあるケースは、サブスクを始める際、「課金方法の変更」だけに注力するケースである。売り切りからサブスクに移行したにもかかわらず、ターゲットを既存顧客のままにしていると、収入は一括から分割となり、回収タイミングは先送りになって自社にメリットがあるとはいえない。逆にターゲットを新規顧客にした場合、リースや割賦販売のような代替手段もあり、サブスクとしての独自の価値を見いだしづらい。

新規事業開発プロセスに慣れている人材であれば、まず、どんなターゲット顧客のどんな課題を解決し、どんな顧客価値を提供するのかを必ず考える。そうすると、サブスクの「課金方法の変更」だけでは十分な価値提供にはつながらないことに気付き、ターゲット顧客への提供価値から考え直すのだ。例えば、考え直した結果、「新モデルが頻繁に発売される商品で、常に新しいモデルを使いたいが、毎回買い替えるのは負担」と感じている顧客セグメントがいたとすると、その顧客層に対して、常に最新機種を利用できるサービスをサブスクで提供するというアイデアは有望といえるだろう。

4-3 失敗層の特徴⑦関連部門との調整に追われる

4-3-1 調査結果「サブスク事業を推進する際の状況」

「サブスク事業を推進する際の状況」に関連する調査結果が**図表4-4**である。失敗層は成功層より、総じてポジティブ（図のAに近い）の割合が低い。特に「上司などからの指摘で検討が加速された」「関連部門との調整は円滑に進められた」が低く、周囲の支援や関連部門との調整がうまくいかなかった割合が高い。つまり、失敗層では「上司の指摘」は有効ではなく、「関連部門との調整に追われる」といえる。

4-3-2「関連部門との調整に追われる」が失敗につながる理由

では、なぜポジティブ（図のAに近い）の割合が低いと失敗するのか。それは、検討スピードが低下してプロジェクトの遅延が発生し、納期順守で本来検討すべき事項が疎かになり、KPIの達成が難しくなるからである。失敗層と成功層で大きく異なっていた「上司の指摘」と「関連部門との調整」の観点で解説する。

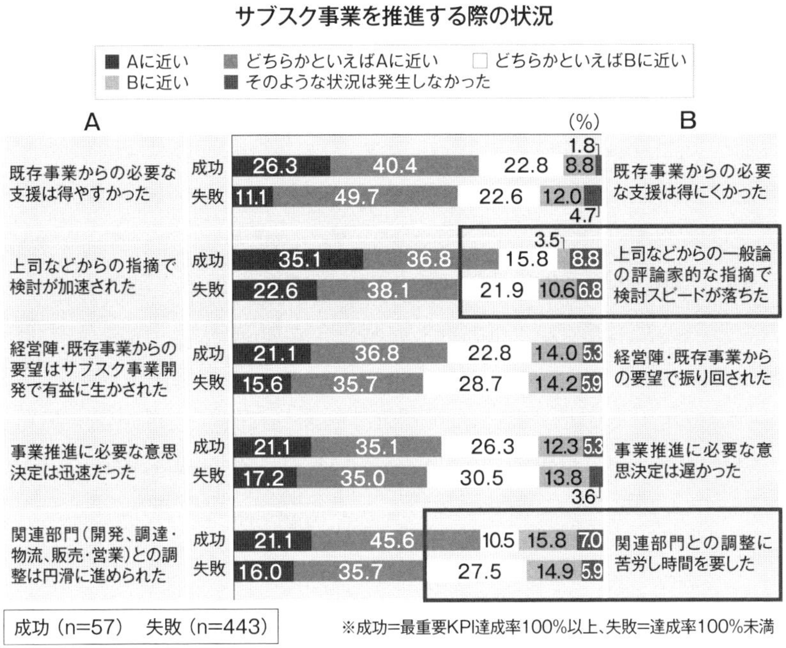

図表4-4　「サブスク事業を推進する際の状況」に関する調査結果
出所：筆者

先に「上司の指摘」である。例えば役職が多階層になっている企業で、上司に承認を求めたとしよう。ここでは上司を部長、そのさらに上司を事業部長とする。部長は自分が意思決定した内容を、事業部長に説明する必要があるため、その意思決定が妥当と判断できる根拠を集めようとする。事業部長が質問しそうな指摘や質問への対応のため、部下に幅広い情報収集を指示する。部長も、事業部長も、新規事業の顧客の本質的なニーズなど具体的な企画内容の理解は乏しいので、立場を全うするために「一般論的な指摘」にとどまってしまう。

こうした「一般論的な指摘」に振り回されると、本来時間を掛けるべき顧客理解に向けた活動やパートナーとのすり合わせなどの活動に注力できなくなることがある。見極めるべき市場は「社外」なのに、活動が「社内」に向いてしまい、マーケットを表面的にしか捉えず、事業を見誤ることにもつながる。

次に、「関連部門との調整」である。参考例として、筆者らが所属するクニエで実施した「新規事業に関する実態調査」では、「社内連携や調整がうまくいっていると開発スケジュールの遅延割合が低い」という結果が出ている。また、開発を計画通りに完了できたケースは、成功度合いが高い結果になっている。つまり、社内調整がうまくいかないと開発遅延につながり、失敗リスクが高まるといえる。

4-4 失敗層の特徴⑧承認時のチェック不足

4-4-1 調査結果「事業化承認時に納得してもらえなかったこと」

「事業化承認時に納得してもらえなかったこと」に関連する調査結果が**図表4-5**である。失敗層は成功層よりも、「納得を得られなかった」割合が低いことが分かる。

一見、逆ではないかと考えた方もいるのではないだろうか。これは、「納得を得られなかった割合が低い」からといって、それは「納得を得られたわけではない」ということだろう。つまり、失敗層は事業化承認時の社内チェックが十分に行われなかったと考えられる。承認時に「納得が得られなかった」項目ほど、十分に議論したのかもしれない。そのように**図表4-5**の結果を見れば、特に「そのサブスク事業をあなたの会社で行う意義」「そのサブスク事業の事業拡大のシナリオ」「既

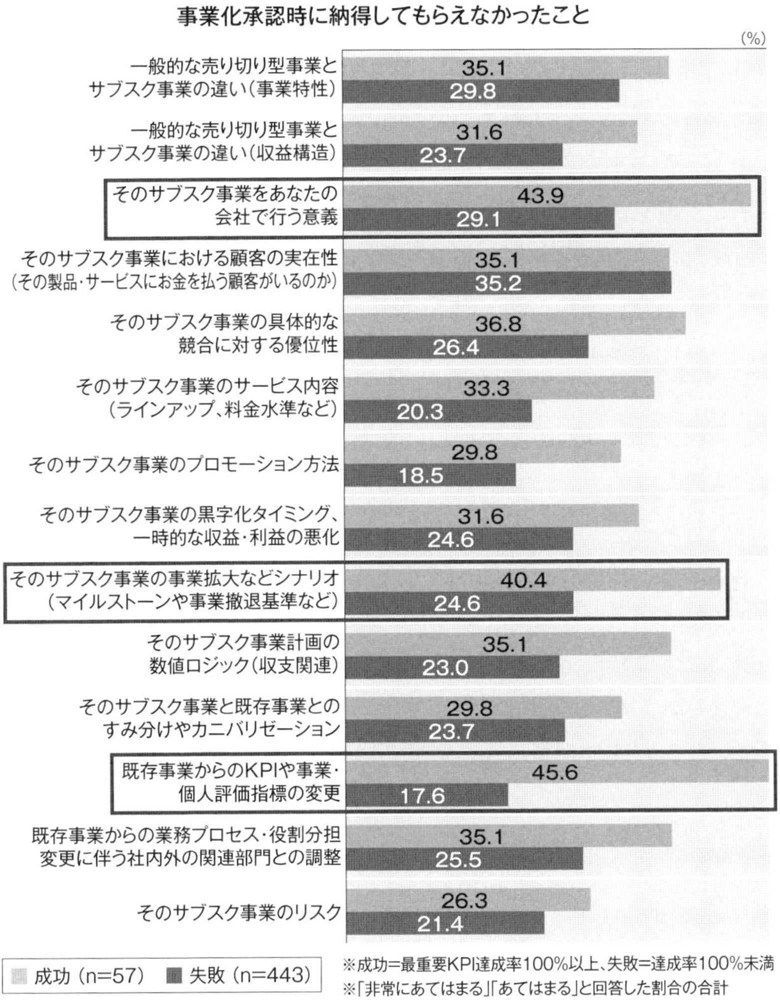

図表4-5 「事業化承認時に納得してもらえなかった」ことに関する調査結果
出所:筆者

存事業からのKPIや事業・個人評価指標の変更」の３項目において、失敗層では社内チェックが不足していたことになる。

4-4-2「承認時のチェック不足」が失敗につながる理由

　サブスクやサービス事業の経験が乏しい企業では、事業承認を行うマネジメント層も経験がないため、判断基準を持ち合わせておらず、なかなか意思決定できずに時間が掛かることもある。ただ、時間が掛かるにせよ、情報を収集し議論を重ねて組織として納得できる意思決定を下すべきである。新規事業では、事業承認でよい指摘をされればされるほど質は上がる。

　事前に完璧な検討をしているのであれば、すべて納得してもらえる場合もあるだろう。ただ、製造業のモノ売り事業から新たにサブスクのサービス事業を立ち上げるような状況であれば、ほとんどの企業では未知のことが多く、事業承認で納得されないことが発生してしかるべきである。もし、事業化の承認において、説明した内容で特に指摘が無いような状況であれば、改めて検討すべき事項に抜け漏れがないかを疑った方がよい。本来、事業承認に期待すべきチェック機能が働いていない可能性があるからである。

第4章のまとめ

●サブスク事業を進める具体的なノウハウがないと、そのノウハウ不足によって検討の抜け漏れや表面的な検討になり、事業開発が不十分な状況に陥ってしまう。

●新規事業の進め方に精通する人材が不足すると、必要な検討事項に抜け漏れが発生したり、検討が不十分になったりするリスクが高まる。これによって、必要な検討項目が検討されないまま事業が開始され、開始後に認知チャネルがない、顧客が求めていない、利益が出る収益構造になっていないなど、様々な課題が発生しやすくなる。

●「上司などからの指摘で検討が加速された」「関連部門との調整は円滑に進められた」など、ポジティブ（**図表4-4**のAに近い）の割合が低いと検討スピードが低下してプロジェクトで遅延が発生しやすくなる。また、納期順守によって本来検討すべき事項が疎かになることがある。これらが、KPIを達成しにくくさせる。

●社内チェックが十分に行われずに順調に事業化が承認されると、本来、深く検討されるべきサブスク事業の意義と事業開発の検討項目が、不十分なままサービスを開始してしまう。

第5章　失敗するサブスクの特徴／サービス内容と運用編

調査結果から得られた「失敗するサブスクの特徴」の３つのカテゴリーのうち、３つ目の「サービス内容と運用」に関連するものには、「手軽な提供価値を重視」「提供プランは１つ」「KPIは顧客満足度」「サービスの解約抑止に注力していない」「多くのデータを取得している」がある。

5-1 失敗層の特徴⑨手軽な提供価値を重視

5-1-1 調査結果「顧客に提供している価値」

サブスク事業において「顧客に提供している価値」についての調査結果が**図表5-1**である。全部で12項目あり、失敗層が多く答えている項目は５個、成功層が多く答えている項目は７個である。その内容を見ると、失敗層が多く答えている項目は、「個別に提供していたモノ・サービスの一括提供」（失敗層40.0％、成功層28.1％）や、「平均的な利用期間よりも短期間に限った利用ができる」（失敗層34.8％、成功層21.1％）といった手軽さに関する項目である。

逆に失敗層が少なく答えている項目は、「取得データを活用した新規サービスの提供」（失敗層38.1％、成功層47.4％）や、「取得データを活用した新たなモノ・サービスとの出合い提供」（失敗層37.0％、成功層47.4％）といったデータ活用に関する項目であることが分かる。この結果から失敗層は、顧客への提供価値として「手軽さを重視」し、「データ活用をあまり重視しない」といえる。

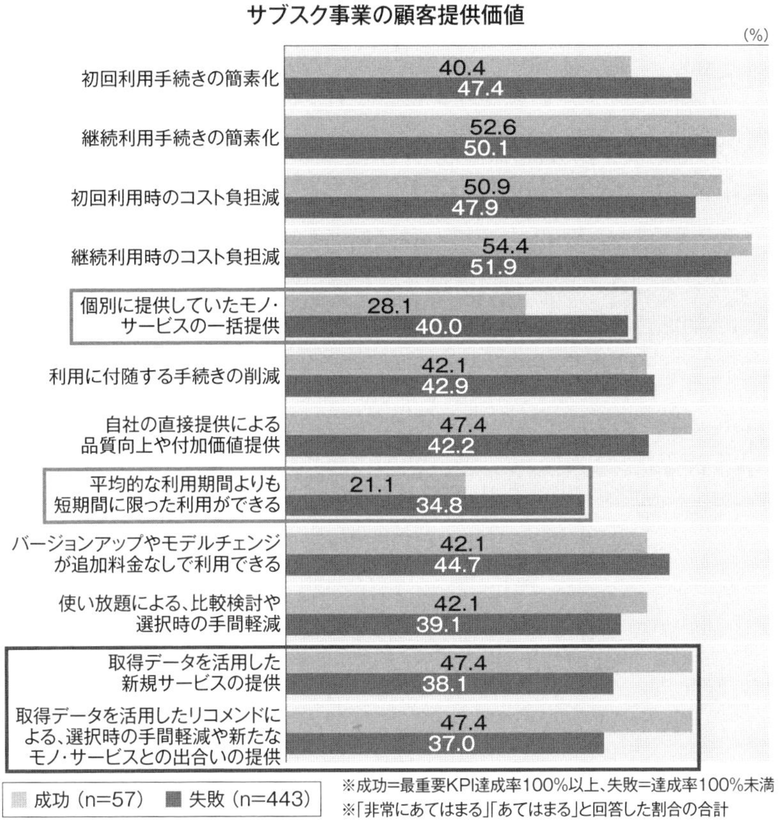

図表5-1　「サブスク事業の顧客提供価値」に関する調査結果
出所：筆者

5-1-2「手軽な提供価値を重視」が失敗につながる理由

では、「手軽さ重視」「データ活用をあまり重視しない」という特徴は、いかにして失敗につながるのだろうか。

「手軽さ」は心理的障壁を下げるため、顧客はサービス利用を始めやすくなる。例えばクルマのサブスクの場合、今まで別にかかっていた車両代・登録諸費用・自動車税・任意保険・定期メンテナンス費用・故障修理代などがパッケージ化されていると、手軽に始めてもらいやすい。ただ、気を付けなければいけないのが、「始めやすい」と同時に「やめやすい」のである。

サブスクはITシステムの構築をはじめ、ヒト・モノ・カネすべてにおいて初期投資がかさむ。さらに、売り切りに比べて短期的に売り上げが減少するため、利益も減少することになる。サブスクは顧客に継続的に価値を提供し続け、その見返りに対価を受け取るモデルである。顧客が簡単にやめてしまうと、初期投資を回収できないまま、事業を継続できなくなるリスクがある。「手軽さ」はサブスク事業の収益性を損なってしまう可能性があるのだ。

筆者らがインタビューしたアパレルのサブスク事業担当者は「手軽さを売りにしているが、配送、修繕、在庫などコストがかさむため、事業としての存続が難しい」と語ってくれた。サブスクも一つの事業として、当然、コストを回収できるだけのマネタイズモデルを設計しなければいけないのである。

「データ活用をあまり重視しない」ということは、顧客行動を把握していないということだろう。顧客行動を把握することで、「顧客はどのようにサブスクのサービスを利用し、どのような行動をとっているのか」「誰が、いつ、誰と、どのように利用しているのか」といったことが分かる。さらにそれらを分析することで「顧客にとって何が価値なのか」をつかむことができ、サービスやプロダクトを顧客にとってさらに良いものに改良できるのだ。売り切りと比べてサブスクは、誰に何をどのように提供し「続ける」のかという中長期的視点が重要になるため、データ活用は、サブスクの成否を大きく左右するポイントになるといえよう。

5-2 失敗層の特徴⑩提供プランは1つ

5-2-1 調査結果「提供プラン（サブスク商材の複数選択肢）」

サブスク事業の「提供プラン（サブスク商材の複数選択肢）」についての調査結果が**図表5-2**である。提供プランが複数あった割合（「提供プランが３つ以上あった」と「提供プランは２つあった」の合計）は、失敗層が47.2（14.7＋32.5）％で、成功層が57.9（19.3＋38.6）％である。失敗層は成功層よりも10.7pt低く、「失敗層は複数プランを用意できていない」といえる。

5-2-2「提供プランは1つ」が失敗につながる理由

なぜ提供プランが複数ないと失敗するのだろうか。まず、顧客から

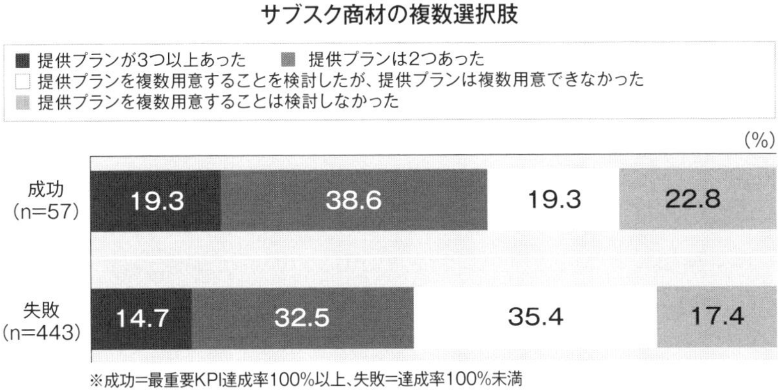

図表5-2　「サブスク商材の複数選択肢」に関する調査結果
出所：筆者

見れば選ぶことのできないサブスクは自由度がなく、「どのプランがいいか」ではなく「利用するかしないか」の判断となってしまい、「始めやすさ」が失われてしまう（前述したように「始めやすい」は同時に「やめやすい」面もあるが、やめない工夫をしておけば悪いことではない）。サブスクを提供する事業者としても、提供プランが複数ないと、増収を目的とした上位プランへのアップセルや、解約抑止を目的としたダウンセルが実施できない可能性がある。

また、競争優位性の面でも問題だ。もし同業他社が同様のサービスを複数プランで展開した場合（もしくは既に展開している場合）、自社のサービスが競合よりも劣って見えかねない。同業他社以外にも、スタートアップや異業種がいつ攻めてくるか分からない時代である。クルマのサブスクを例にすると、トヨタ自動車、日産自動車、スバル、ホンダといったメーカーだけでなく、中古車販売業者、保険会社まで車のサブスクを展開している。今後、サブスクの群雄割拠時代に突入した際、複数プランの有無は顧客を獲得できるか否かに直結するポイントの一つになるだろう。

5-3 失敗層の特徴⑪KPIは顧客満足度

5-3-1 調査結果「KPI」

サブスク事業の「KPI」についての調査結果が**図表5-3**である。サブスク事業において設定していたKPIについて、失敗層は成功層よりも「継続率」や「顧客満足度」を設定していた割合が高い。一方で、「利益額」や「ARR（Annual Recurring Revenue：年間定期収益）/MRR（Monthly Recurring Revenue：月次定期収益）」、「LTV（Life Time Value：顧客生涯価値）」といった利益や収益についての項目を設定していた割合は低かった。

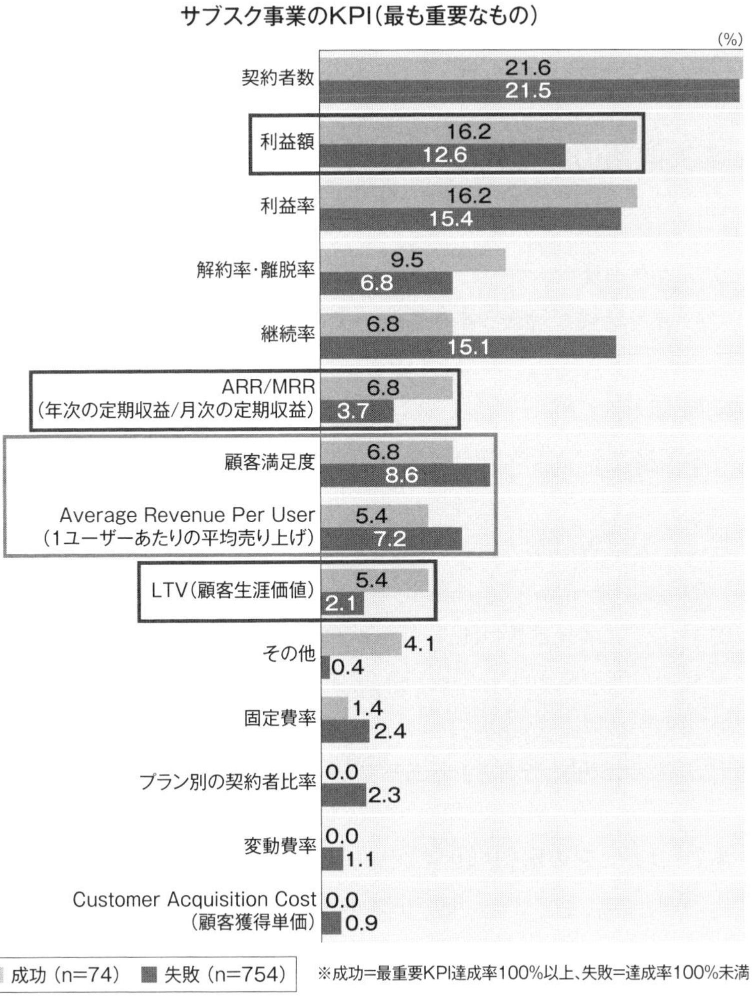

図表5-3　「サブスク事業のKPI（最も重要なもの）」に関する調査結果
出所：筆者

5-3-2「KPIは顧客満足度」が失敗につながる理由

なぜ「継続率」や「顧客満足度」を重視すると失敗するのだろうか。その答えは、「継続率」や「顧客満足度」が、サブスク事業で見るべきKPIの一部でしかないためである。このあたりは第12章にて詳しく解説する。

5-4 失敗層の特徴⑫サービスの解約抑止に注力していない

5-4-1 調査結果「サービス改善(サービスリリース後の活動)」

サブスク事業の「サービス改善(サービスリリース後の活動)」についての調査結果が**図表5-4**である。失敗層が成功層より高い(リリース後に注目している)のは、「顧客満足状況の確認」(失敗層45.8%、成功層36.8%)や、「サービス内容のアップデート(コンテンツやプラン追加など)」(失敗層23.7%、成功層14.0%)である。

逆に、失敗層が成功層より低い(リリース後にあまり注目していない)のは、「サービス改善(課題分析、対策検討、A/Bテストなど)」(失敗層48.3%、成功層54.4%)、「解約理由の把握」(失敗層28.0%、成功層40.4%)、「解約抑止策の検討・実施(プラン変更の提案)」(失敗層17.4%、成功層29.8%)、「アップセル・クロスセルの提案」(失敗層17.8%、成功層22.8%)であった。

5-4-2「サービスの解約抑止に注力していない」が失敗につながる理由

成功層が重視している「解約理由」「解約抑止策」「アップセル・クロスセル」は、いずれも利益と直結する項目である。それに対して失敗層は「顧客満足状況の確認」にとどまっているといえるだろう。「顧客満足」は軽視してもいいということではない。大切なのは、顧客の

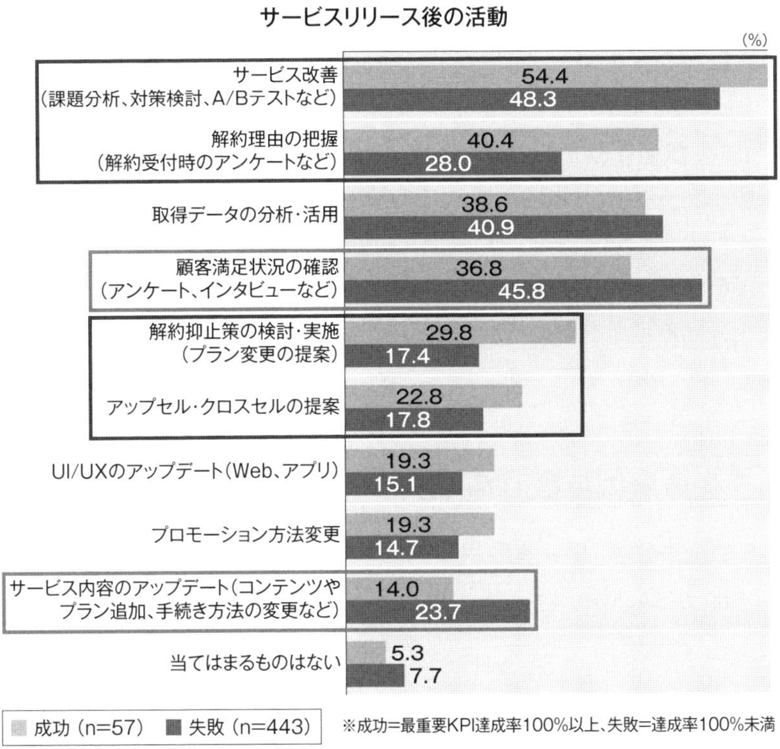

図表5-4　「サービスリリース後の活動」に関する調査結果
出所：筆者

不満をサービス改善につなげ、顧客の離脱を防止することである。そうしないと事業として立ち行かなくなる。サブスクは売り切りのように「売って終わり」ではなく、いかに長く顧客の利用を促進するかが重要となるため、解約抑止やサービス改善がないと、事業としての長期的な収益性も損なわれてしまう。

成功層が最も重視している「サービス改善」（54.4％）は、**図表5-4**

からは読み取れないが企業によって活動の差があると思われる。サブスクはデジタルマーケティングの進化版である「データマーケティング」という側面がある。オンラインを主戦場とする事業者は、A/Bテスト※や数値を基にした当意即妙の改善施策に全力を注いでいるが、一般にメーカーやB2B企業はこの領域に弱い。その差がボディーブローのように効果を発揮し、気が付いたら「取り返しのつかないほどの差を付けられてしまった」となりかねない。この点もサブスクの成否を分けるポイントの一つである。

※A/Bテストとは、主にWebマーケティングで用いられる手法で、AパターンとBパターンという2つの比較対象物（Webサイトなど）を用意して、どちらがより良い結果（コンバージョン率やクリック数）を得られるかを測定するための試験を指す。

5-5 失敗層の特徴⑬多くのデータを取得している

5-5-1 調査結果「データ取得」

サブスク事業の「データ取得」についての調査結果が**図表5-5**である。どんな項目をどのタイミングで取得しているかを詳しく聞いている。意外な感じがするかもしれないが、調査結果からいえることは、失敗層は成功層よりも多くのデータを取得している。各データ項目について「取得していない」割合を見ると、購買行動を除く6つの項目で成功層は失敗層よりも高い。

5-5-2 「多くのデータを取得している」が失敗につながる理由

この特徴がなぜ失敗につながるのだろうか。まず、サブスクは前述したように「データマーケティング」でもあるので、「データ」がないとマーケティングができない。つまり、「どのような顧客が利用してくれるのか」「どういうメッセージを発信すれば振り向いてくれるのか」「顧客の課題は何か」などを、データを基に科学的に明らかにしていかなければならない。サブスクに限らず新規事業において「デー

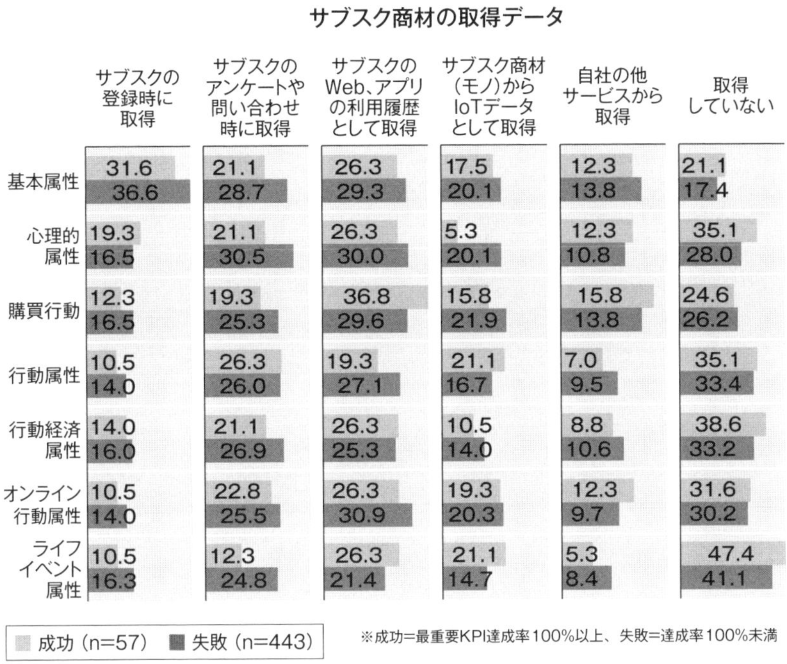

図表5-5　「サブスク商材の取得データ」に関する調査結果
出所：筆者

タ」は重要なアセットであることは間違いない。

ただし、データはデータのままでは何の価値も生まず、保有リスクだけが増えてしまう。データから価値を生むには、「取得・整理・分析・活用・資産化」が必要となる。そのためには、当然ながらITシステムも必要で、アルゴリズムや解析にたけている人材も欠かせない。顧客ごとのサービス提供を見据え、仕組みや人材を整備していく必要がある。

成功層と失敗層の違いはここにある。成功層はデータを取得した後、「整理・分析・活用・資産化」というプロセスを経て活用している割合が高いが、失敗層はただデータを取得しているだけになってしまっている割合が高い。失敗層はデータを多く取得しているが、活用できていないのだ。

第5章のまとめ

- 失敗層は、顧客への提供価値として手軽さを重視し、取得データを活用した新規サービスの提供や、新たなモノ・サービスとの出会い提供を重視していない傾向にある。

- 失敗層は、提供プランも1つしか用意しない傾向にある。同業他社が同様のサービスを複数プランで展開した場合は、競合相手に対して劣って見えてしまうことになる。

- 失敗層は、サービスリリース後の解約抑止や課題分析、対策検討、A/Bテストなどのサービス改善を実施していない傾向にある。サブスクは事業であり、利益を追求していくには継続的なサービス改善が必須となる。

- データ活用については、顧客ごとのサービス提供を見据え、仕組みや人材を整備していく必要がある。

第3部

9つの失敗要因と成功策

第２部で説明した「失敗するサブスクの特徴」をさらに掘り下げ、筆者らのコンサルティング経験を加えることで、「サブスクの失敗要因」を９つ導き出した。

失敗要因①位置付けが「既存事業の延長」になっている
失敗要因②「サブスク導入」が目的になっている
失敗要因③フィット＆ギャップ分析が不足している
失敗要因④ビジネスモデルが不整合である
失敗要因⑤サービス事業開発の仕組みがない
失敗要因⑥既存事業と競合している
失敗要因⑦収益性を軽視している
失敗要因⑧運用設計に盲点がある
失敗要因⑨進化モデルの視点がない

例えば、第3章では“失敗するサブスクの特徴”として「サブスク事業に関わる調査はインターネットリサーチが中心」という調査結果を紹介した。では、なぜ「インターネットリサーチが中心」だと失敗するのだろうか？　筆者らはこの要因を突き止めるべく、サブスク事業経験者へのインタビューや分析を行った。その結果、失敗層はサブスク事業を「既存事業の延長」として捉える傾向があることを突き止めた。また、「ターゲットや課題の特定が不十分」「サービス提供プロセスの検討が不十分」などの“特徴”も、「既存事業の延長」という位置付けが失敗要因であると判明している。

第３部ではこれら９つの失敗要因を順番に解説する。その際、**図表**右のような構成で説明する。まず、失敗要因を構造的に解き明かし（①失敗の構造）、失敗要因を押さえたからこそ導き出せる成功策をま

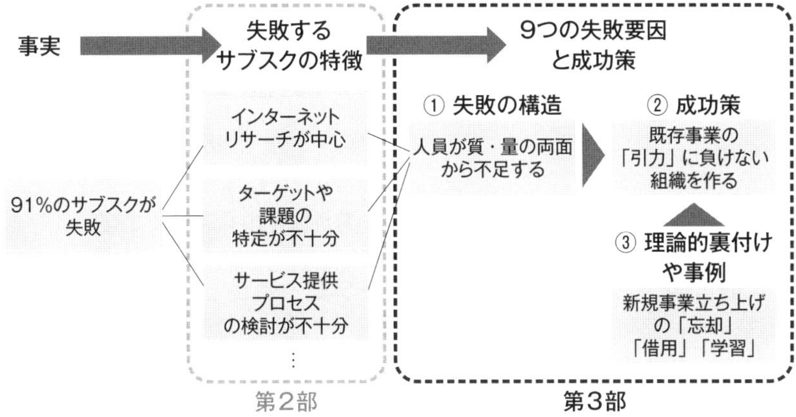

図表　構造化した本書の内容と第3部の構成
出所：筆者

とめる（②成功策）。そして、成功策の裏付けとなる理論や事例を紹介する（③理論的裏付けや事例）。

なお、第３部の各章で提示する「②成功策」は唯一絶対の解ではない。ビジネスを取り巻く外部環境（市場・競合の状況など）や内部環境（社風など）によって適切な策は異なる。本書では考え方の方向性を示している。

第6章 失敗要因①位置付けが「既存事業の延長」になっている

6-1 失敗の構造■人員が質・量の両面から不足する

失敗要因①として「サブスクを既存事業の延長と位置付けている」が挙げられる。その失敗の構造を探っていこう。「既存事業の延長と位置付けている」というのは、「サブスクは課金方法の一つであり、既存事業の仕組みのまま、月額課金に変えればサブスク事業が成立する」という考え方である。

サブスクは既存事業から課金方法を変更するだけで成功するものではない。第1章で解説した通り、サブスクは売り切りとはビジネスモデルが異なり、ビジネスモデルの構成要素である「顧客提供価値」「業務プロセスと経営資源」「財務モデル」のすべてを整合させて設計しないとうまくいかない。つまり、既存事業の延長ではなく、新規事業の立ち上げとして取り組む必要がある。

「既存事業の延長」と考えていると、事業の検討に必要な人員が質・量の両面から不足することになる。

質の観点では、新規事業開発のプロセスに精通した人材が不足する。新規事業開発においては、既存事業の運営とは異なる専門性やスキルが求められる。具体的には、「ビジネスアイデアの創出・検証」「ビジネスモデル作成」「サブスク事業の合意形成・承認獲得」「販売チャネル構築、プロモーション設計」などである。これらは、第4章で紹介したノウハウ不足の項目とも合致している。「既存事業の延長」という前提では、これらの専門性やスキルを持つ人材を配置すべきだという考えに至らないため、ノウハウの不足や、検討の遅延を招くことになる。

量の観点では、検討すべき事項の量（業務量）に対して人員が不足する。「既存事業の延長」という認識だと、サブスク事業の検討を進める企画担当者を専任で配置することは少なく、既存事業との兼務や、複数の新規事業を掛け持ちしての分担となることが多い。しかし、サブスクの検討を始めると、「既存事業の延長」にとどまらない量の検討や調整に追われ、企画担当者がキャパシティオーバーに陥ることも珍しくない。過大な業務量は、事業を進めるエンジンとなるべき企画担当者のモチベーションや当事者意識を低下させ、結果として事業化検討の停滞につながってしまう。

「既存事業の延長」という思考は、人材不足の他にも、「業務プロセスの検討不足」や「リリース後の取り組み不足」などにもつながっており、複数の失敗要因につながる根本原因といえよう。

6-2 成功策■既存事業の「引力」に負けない組織を作る

サブスク事業は「既存事業の延長」ではなく、「新規事業の立ち上げ」というスタンスで検討する必要がある。すなわち、「既存事業の仕組みをベースとして、何を変える必要があるのか」ではなく、「新規事業を立ち上げることを前提として、既存事業から転用・活用できるものはないか」という発想に転換する必要があるということだ。しかし、「言うは易く、行うは難し」である。これを実践するためのノウハウについて、経営層（役員や事業部長）と実務層（事業責任者や企画担当者）に分けて解説する。

6-2-1 経営層への提言

サブスクの事業化は「単なる課金方法の変更」ではなく、「新規事業の立ち上げ」という前提に立つ必要がある。ただ、そもそも新規事業の立ち上げは難度が高い。筆者らが2020年3月に新規事業経験者600人に対して実施した「新規事業に関する実態調査」では、「79%が失敗（最重要KPI未達）」という結果が出ている。

ベンチャー企業や中小企業における新規事業はヒト・モノ・カネなどのリソース不足が一番の課題となるが、大企業では別の難しさがある。それは、既存事業で構築した強靭な業務プロセスや評価指標が、新規事業の検討においては足かせとなってしまうことだ。例えば、「業務プロセスが標準化されている」「統一された業績評価指標が用いられている」「年に1~2回、数カ月かけて事業計画を作成し、各部門はその数字に対して結果責任を負う」などは、既存事業の運営においては強い組織としての条件になる一方、不確実性が高く、頻繁に仮説検証を繰り返す必要がある新規事業では足かせになってしまう。

サブスク事業を含む新規事業の成功のためには、経営層からの支援が不可欠である。以下を例として、サブスク事業が既存事業の「引力」に負けないようにすべきである。

- サブスク事業の責任者やメンバーを社内の他部門や社外から登用する。

●サブスク事業チームを経営層の直轄とし、既存事業部門に屈しない権限を確保する。

●サブスク事業チームを別会社として立ち上げ、意思決定の独立性を持たせつつ、既存事業部門との調整は支援する。

6-2-2 実務層への提言

経営層と同様に、まずサブスクの事業化は「単なる課金方法の変更」ではなく、「新規事業の立ち上げ」という前提に立つことが何より重要である。そのうえで、実務層は経営層への働きかけが必要となる。なぜなら、先に書いたように、サブスクを含む新規事業の成功にはリソース確保や社内外の他部門との調整など、経営層からの支援が欠かせないからだ。

つまり、「上司を動かす」という観点が重要である。参考になるのは、アラン・R・コーエンとデビッド・L・ブラッドフォードによる『Influence without Authority（邦題：影響力の法則─現代組織を生き抜くバイブル）』（2005年）である。この本では、以下に示す「相手の世界」を理解することが重要とされている。

（1）主要な役割と責任範囲
（2）仕事上のプライオリティ
（3）評価される基準
（4）主要な関係部門、関係者
（5）キャリアの方向性
（6）ワークスタイル、コミュニケーションのスタイル
（7）気がかり、仕事上のプレッシャー

(8) これまでの仕事上の経験
(9) これまでの教育訓練
(10) 仕事外の興味／関心事
(11) 大切にしている価値観

「(5) キャリアの方向性」を例にとると、「より上位のポジションを目指しているので失敗は避けたい」という志向が強い上司（経営層）には、「サブスクを既存事業の延長として捉えると失敗する確率が高いので、売り切りとの変化点を明確にしたうえでリソースの支援をいただきたい」と伝えると進めやすくなる。

「(4) 主要な関係部門、関係者」を例にとると、「A部門とは利害が対立する関係にあり、無用な対立は避けたい」と考える上司には、「サブスクはA部門とB部門の協力が不可欠なので、早めに話を通しておく必要がある」と伝えるといいだろう。

このように、相手の興味や関心、特に不安やリスクに感じていることにひも付けて依頼することで、経営層からの支援が得られる可能性は高まる。

6-3 理論的裏付けや事例
■新規事業立ち上げの「忘却」「借用」「学習」

サブスク事業を含む新規事業のマネジメントについては多くの研究がなされている。筆者らが注目したのは、ダートマス大学のビジャイ・ゴビンダラジャンとクリス・トリンブルが著した『Ten Rules for Strategic Innovators: From Idea to Execution（邦題：ストラテジック・

イノベーション 戦略的イノベーターに捧げる10の提言)』(2005年)である。この本では、大企業における新規事業マネジメントのポイントとして、「忘却」「借用」「学習」というコンセプトを示している(**図表6-1**)。

「忘却」とは既存事業の成功パターンや常識・経験を捨てること、「借用」とは既存事業で得た経営資源やノウハウの一部を活用すること、「学習」とは柔軟に試行錯誤(実験)を繰り返すことで新規事業に伴う不確実性を低減させていくことを指す。

要点はこうだ。既存事業と新規事業とでは求められる戦略やマネジメント手法が異なるため、新規事業を成功させるためには既存の「戦略」と「マネジメント手法」をいったん忘れる必要がある。大企業は「忘却」を重視しながらも、柔軟で新しい組織文化を備えたベンチャー

忘却	既存事業の成功パターンや常識・経験を捨てること。 既存事業と新規事業とでは求められる戦略やマネジメント手法が異なるため、新規事業を成功させるためには既存の「戦略」と「マネジメント手法」をいったん忘れる必要がある。 ●戦略：既存の市場、顧客、製品・サービス、ビジネスモデルなど ●マネジメント手法：予算管理、評価制度、リソース配分など
借用	既存事業で得た経営資源やノウハウの一部を活用すること。 大企業は「忘却」を重視しながらも、柔軟で新しい組織文化を備えたベンチャー企業より優位に立つためには、社内の資産を効果的に活用する必要がある。具体的には、既存事業の生産設備や研究開発組織、特許、ブランド、販売チャネル、予算システム、人事制度などが該当する。 「借用」は「忘却」の足かせにもなるため、競争優位の構築に必要なものを見極めて「借用」することが重要である。
学習	柔軟に試行錯誤(実験)を繰り返すことで新規事業に伴う不確実性を低減させていくこと。 市場や顧客、製品など既に知見があり予測可能な既存事業とは異なり、新規事業は未知の領域が多く、不確実性が高い。新規事業で成功をつかむためには、仮説構築(計画)→仮説検証→仮説修正という試行錯誤的な「学習」のサイクルを速く回すことが重要である。

図表6-1　大企業における新規事業のポイント

出所：『ストラテジック・イノベーション 戦略的イノベーターに捧げる10の提言』を参考に筆者作成

企業より優位に立つためには、社内の資産を効果的に活用する必要がある。また、新規事業は、市場や顧客、製品など既に知見があり予測可能な既存事業とは異なり未知の領域が多く、不確実性が高い。新規事業で成功をつかむには、「仮説構築（計画）→仮説検証→仮説修正」という試行錯誤的な「学習」のサイクルを速く回すことが重要である。

サブスク事業においても、これらのコンセプトは有効である。サブスクは「新規事業の立ち上げ」という前提に立ち、まずはゼロベースであるべき姿を考え（忘却）、既存事業から転用・活用できるものを見極め（借用）、顧客課題やビジネスモデルについて試行錯誤を繰り返す（学習）ことが必要といえるだろう。

第6章のまとめ

- サブスク事業を「既存事業の延長」と捉えると失敗する。サブスクは売り切りとはビジネスモデルが異なり、「新規事業の立ち上げ」として臨む必要がある。

- 「既存事業の延長に位置付ける」という失敗要因から導き出される成功策として、サブスク事業が既存事業の「引力」に負けないような組織作りがある。

- 特に大企業の新規事業では、既存事業からの「忘却」が重要であり、「忘却」を十分に行ったうえで、既存事業からの「借用」と顧客課題やビジネスモデルについて「学習」を行う必要がある。

第7章 失敗要因②「サブスク導入」が目的になっている

7-1 失敗の構造■本来検討すべき事項が疎かになる

企業がサブスク事業を始める目的を大別すると、以下の3つに分類できる。

戦略起点型

会社や事業を取り巻く環境変化や構造的な課題があり、それを乗り越えるための手段の一つとしてサブスクを検討するタイプ。例えば、自動車業界は新車販売台数が頭打ちになり、「CASE（Connected：コネクティッド、Autonomous：自動運転、Shared：シェアリング、Electric：電動化の頭文字）」と呼ばれる構造的な環境変化に直面しているため、戦略起点型に該当するといえる。

顧客起点型

顧客の潜在的・顕在的なニーズに基づいて、サブスクを検討するタイプ。B2Cの耐久消費財など、購入する際の価格がハードルになって新たな顧客層を獲得できない場合や、B2Bで直接顧客からサブスクの要望があった場合が該当する。

打ち手起点型

サブスクという打ち手ありきで検討を始めるタイプ。業界内の競合や新規参入企業（ベンチャー企業など）がサブスク事業を始めた動きに追随する場合や、「サブスクに取り組む先進的な企業」というブランドイメージの獲得を目的としている場合が該当する。

トップダウンの社風の企業では「自社もサブスクだ」と経営層が言い出し、打ち手起点型として「サブスク導入」そのものが目的になってしまうことが往々にして起きる。これが、サブスク事業の失敗要因の２つ目「『サブスク導入』が目的になっている」の構造である。しかし、サブスクはビジネス上の目的を達成するための手段であり、それ自体が目的にはなり得ない。

「サブスク導入」が目的化されると、本来検討すべき事項が疎かになる。その結果、サービスリリース後の対応が後手に回り、利益獲得が遠ざかり、継続的な事業運営が難しくなってしまう。

ここで、筆者らがインタビューを行った、大手企業のB2Cサブスク事業の事例を紹介しよう。前提として、その企業は創業社長のオーナー企業で、いわゆるトップダウンの社風である。まず社長が「これからはサブスクだ」と言い出し、鶴の一声でサブスク事業を進めることとなった。社内には新規事業の経験やノウハウがある人材がいないものの、社長からの指示として「サブスク導入」は絶対なので、何とかリリースまでこぎつけることができた。

その結果、どうなっただろうか。この企業は、モノの「借り放題」のサブスクを提供しているが、商用化から数年が経過しても以下の構造的な課題が残ったままの状態にあった。

ビジネスモデルの不整合

借り放題としてユーザーの利用を促進するために、ユーザーがモノを借りて返送する際は配送料無料（代わりに企業が配送費を負担）のプランになっている。その結果、企業としては、ユーザーの継続率を高めるために利用を促進したいが、頻繁に利用されると輸送費が採算を圧迫するという状況が発生していた。

不明瞭なターゲット設定

もともとその企業は業界内でも低価格帯の商材を扱っていたため、サブスクで「借り放題」にしたところで、ユーザーにとっての価格メリットは限定的である。月額で定額課金してまでその企業の商材を「使い放題」したいというロイヤルティーの高い層がいるのかどうか、見極めが甘かった。

既存事業にメリットのない管理会計

このサブスクサービスでは、既存事業の部門が製造した商材を、サブスクの事業部が仕入れて顧客に提供するという仕組みを取っている。社内の管理会計の仕組みとして、既存事業にはサブスクの売り上げが計上されず、サブスク事業に売り上げが計上される仕組みになっていた。既存事業としてはサブスク事業に協力すればするほど原価が増え、赤字になる構造になっていた。トップダウンなので、既存事業は仕方なく従っている状況にあったが、前向きな協力を得られなかったことは自明だろう。

これらの構造的な課題が手つかずのままリリースに至っている根本原因は、トップダウンでサブスクを始め、サブスク導入が目的になっていたからだ。1990年代のインターネットの流行や、2010年代中盤のAIの流行とも重なるが、手段を目的にしてはいけない。AIがはやったときも、事業者は「AIを使っている」とPRすることが目的化しており、その結果、ビジネス上の成果を得られない事例が多く生まれたことは記憶に新しい。サブスクも同様に、「魔法の杖」ではない。達成したいビジネス上の目的があり、それを実現するための手段であることを忘れてはならない。

7-2 成功策
■サブスクの意味付けと経営層とのコミュニケーション

「サブスク導入」の目的化を防ぐには、目的を設定し直して経営層の合意を得る（「目的の再設定（意味付け）」と「経営層とのコミュニケーション」）ことが重要だ。

7-2-1 目的の再設定（意味付け）

サブスクをボトムアップで立ち上げる場合、もしくはトップダウンでサブスクが目的化している場合でも、サブスク事業が自社にとってどのような意味を持つのかという「意味付け」を実施する。以下、3つの「意味付け」の類型を、筆者らが行ったインタビューの事例を交えて紹介する。

意味付け1 理念起点型

経営企画のマネジャーがボトムアップで始めた耐久消費財のサブスク事例を紹介する。このマネジャーは経営層などのステークホルダーに向けたプレゼンテーションで以下のように説き、協力者を増やしていったという。

「そもそも我々のミッションは『モノを売ること』ではない。これまでの仕組みとして売り切りが定着しているだけだ。『モノが壊れる』

『高機能な新商品が出る』という不満から消費者を解放し、継続的に自社の技術力を生かした商品を提供し続けるためには、サブスクの方がミッションに親和性が高いのだ」

このように自社のミッションにひも付けて「意味付け」する方法は、特に外資系企業やベンチャー企業など、企業理念（ミッション・ビジョン・バリュー）が明確な企業に向いている。

意味付け2 チャネル変革型

自社商材を消費者に直接提供するための手段としてサブスクを始めた事例を紹介する。その企業の業界では、卸や小売店などの流通業者が強く、商材の付加価値を価格に転嫁できないため、利益率が低いことが課題となっていた。そこで、「利益率を高める」を上位目的として、そのための手段として「流通を介さず消費者と直接つながる」、さらにそのための手段として「サブスクを導入する」という流れでサブスクを位置付けていた。

このように、チャネル変革を目的として「意味付け」する方法は、「顧客の交渉力※」が高い業界に適している。この場合、サブスクは既存顧客である中間流通を排除することになり、場合によっては顧客（中間流通）から既存商材の取引停止を言い渡されるリスクもあるため、社内外の抵抗をはねのけられるだけの上位の役員からの支援が必要不可欠である。

※「顧客（買い手）の交渉力」とは、マイケル・E・ポーターが「ファイブ・フォース・モデル」として表したモデルのうち、業界から見て買い手に当たる顧客の交渉力を指す。例えば、買い手企業が集約化してバイイングパワーを高めた場合や、商品の差異化要素が価格のみになる場合などに、顧客の交渉力が高まるとされている。

意味付け3　競合追随型

業界内の競合企業や、既存事業とのカニバリゼーションを気にする必要のないベンチャー企業などの新規参入者がサブスクを始めた場合は、このタイプが向いている。近視眼的に「自社もサブスクを」と考えがちだが、まずは「競合に負けない」以外の目的も整理すべきである。なぜなら、売り切りからサブスクに変わったところで、業界全体の市場が増えないと競合も含めて先がないためである。「売り切りかサブスクか」ではなく、サブスクにすることで顧客との関係性が深まり、他商材とのクロスセルや、将来的な新サービスにつなげるという、+αの価値と併せて提案することが望ましい（参考として7-3に複合機業界の事例を紹介している）。

7-2-2 経営層とのコミュニケーション

続いて、「経営層とのコミュニケーション」の方法を説明する。第6章で紹介した「相手の世界」を理解し、相手の興味や関心にひも付けて語ることはここでも重要である。以下、具体的な方策を説明する。

まず前提として、特に社長や役員などの経営層は、毎期の経営方針・事業方針説明会や社内報、社外からのインタビューなど、常に社内外に対して情報発信する立場にある。経営層の多くは、毎回同じことを繰り返す「つまらない人間」とは思われたくないので、変化を出すためにも、「DX」や「リカーリング／サブスク」などの「はやり言葉」を取り入れる傾向にある。

実務層としては、経営層が発した「はやり言葉」を、したたかに取り入れることが有用である。例えばサブスクの提案をする際に、サブスクを前面に押し出すのではなく、事業として抱える課題を概観し、それを解決するための選択肢の一つとしてサブスクを提案する方が経営層の納得を得やすい。これは、社会心理学者のロバート・B・チャルディーニの著書『Influence:Science and Practice（邦題：影響力の武器）』（2001年）で紹介された、他者に働きかける際の「説得力の6原則」にも通じるものである（以下に、関連する2原則の要点を紹介する）。

好意

自分に好意を持っている相手や、自分との共通項がある相手ほど賛同したくなること。

コミットメントと一貫性

自分が公の場で自発的に約束（コミットメント）したことと一貫した行動をとろうとすること。

上記の提案は、経営層が発した「サブスク」というワードを取り入れることで「好意」を示しつつ、相手に選択の余地を残して「コミットメントと一貫性」に訴えることで、結果的に経営層からサブスク事業化の合意を引き出す進め方だといえるだろう。

筆者らが行ったインタビューでは、「経営層も本質を理解せずにはやり言葉を使っていることが多いので、経営層の発言を曲げない形で、『サブスクは単なる課金方法ではなく、その本質は……』というように、さらに有益な情報を経営層にインプットすることで、言葉が独り歩きしないようコントロールしていた」と語る経営企画のマネジャーもいた。

このように、論理的な「意味付け」を行いつつ、経営層に対しては“したたかに"振る舞うことで、「サブスク導入」の目的化を防ぐことができるだろう。

7-3 理論的裏付けや事例 ■複合機業界のプラットフォーム化

サブスクの目的を考えるための参考として、複合機業界において、サブスク、リカーリングで得た顧客との関係性を新たな商機に生かした事例を紹介する。

オフィス向けの複合機業界では、古くから比較的安価に機器を売り、トナーや保守で稼ぐリカーリングモデルを採用してきた。2000年代後半には、複合機メーカー各社がMPS（Managed Print Service）を展開するようになった。MPSとは、複合機メーカーが顧客企業のプリント状況を評価・査定し、導入後の運用管理もアウトソーシングとして受託することで、継続的に顧客企業のプリンティング環境を最適化してコスト削減と生産性向上を実現するサービスを指す。MPS導入前は顧客との接点が保守のみだったのに対し、MPS導入によって顧客企業の利用状況を把握し、メーカーからの提案機会が増加したため、他商材のクロスセルを提案する機会も増加した。

また、複合機メーカーのリコーは「EMPOWER DIGITAL WORKPLACESプラットフォーム（以下、EDWプラットフォーム）」というクラウドサービスを提供しており、複合機（ハードウエア）をクラウドとつなげて活用できるようにしている。EDWプラットフォームでは、リコーのサービスだけでなく、パートナー企業のアプリケーションとも連携できるようにAPI（Application Programming

Interface）やSDK（Software Development Kit）を公開しており、20社以上の開発パートナーが参画している。

これは、サブスクやリカーリングを「入り口」として、顧客との継続的な関係性を活用し、他社（パートナー企業）と顧客をつなぐプラットフォームを作り上げた好事例といえる。つまり、サブスクはモノ売りの延長で自社サービスを顧客に提供するだけでなく、顧客との継続した関係を構築できれば、社外のリソースも活用して新たなサービスを提供できることを示している。

第7章のまとめ

- サブスクはビジネス上の目的を達成するための手段であり、それ自体が目的にはなり得ない。サブスク導入が目的化すると、本来検討すべき事項が疎かになり、サブスクの失敗をもたらす。

- サブスク導入の目的化を防ぐには、サブスク事業が自社にとってどのような意味を持つのかという「意味付け」を行い、経営層の合意を得る必要がある。

- 複合機業界では、サブスク、リカーリングで得た顧客との関係を生かして他社のアプリケーションも提供できるプラットフォームを構築しており、「顧客との関係」の具体的な活用方法として参考になる。

第8章 失敗要因③ フィット&ギャップ分析が不足している

8-1 失敗の構造
■商材特性や業界構造がフィットしていない

失敗要因③として「フィット&ギャップ分析が不足している」が挙げられる。その失敗の構造を探っていこう。特に業界でサブスクを行っている先駆者がいない場合は、まず業界としてサブスクがフィットするかどうかを見極める必要がある。筆者らが行った調査の競合品や代替品に関する結果において、「モノ・サービスとしての競合品(類似商品)があるが、サブスクとしては事業化されていなかった」と答えたのは、失敗層が成功層より12.9pt(42.7%－29.8%)上回っていた。つまり、業界としてサブスクを行っている先駆者がいない場合に、失敗する確率が高まるということだ(**図表8-1**)。

では、なぜ業界に先駆者がいない場合、失敗確率が高まるのだろうか。その要因はいくつか考えられる。

そもそもの商材特性や業界構造が、サブスクにフィットしていない

極端な例として、結婚式場のサブスクを検討したとしても、商材特性の観点からサブスクの事業化は難しい。なぜなら、結婚式というサービス(商材)は一生のうちに1回のみの利用を前提としており、顧客が継続して利用する可能性が限りなく低いためである(ちなみに、再婚などで2回目の式を挙げるとしても、同じ式場で挙式したいという意向を持つ人は極めて少ないだろう)。このように、そもそもサブスクにフィットしていない商材や業界もあるので、安易にサブスクに飛びつくのではなく、まずは見極めが必要である。

社内外のステークホルダーにサブスクに取り組む意義を説明しにくい

自社が既に事業を行っている業界でサブスクを展開する場合、既存顧客の中からサブスクに移行する顧客も出てくるため、カニバリゼーションが発生する。販売店や代理店などの中間流通経由のビジネスでは、サブスク導入により商流が変更となるため、社外からの反発が想定される。同様に耐久財の場合は、サブスク導入により短期的に収益が減少するため、社内からの反発が想定される。一般的に社内の経営層や部門長クラスの任期は数年のため、サブスク導入の意義は理解していても、社外からの反発や短期的な減収が想定されると分かると、

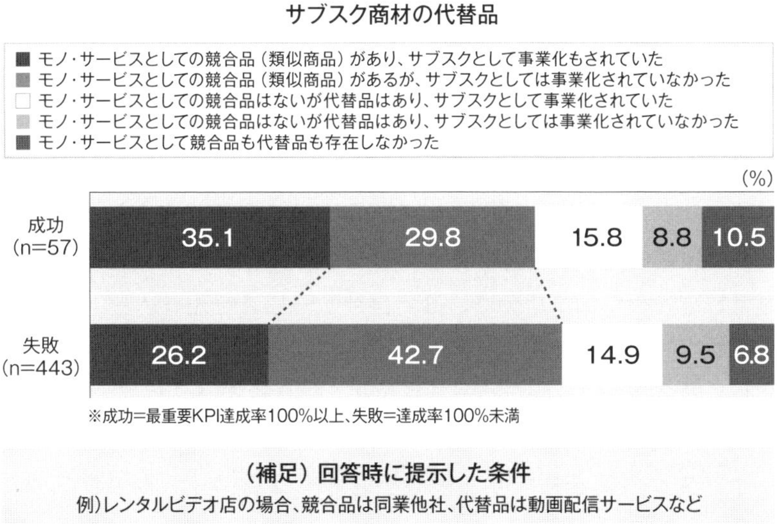

図表8-1 「サブスク商材の代替品」に関する調査結果
出所：筆者

「競合がサブスクをやっていない中で、今うちの会社で始めなくてもいいのでは……」という声が出てくることになる。

実際、筆者らが行った大手機器メーカーの方へのインタビューでも、「あるオフィス向けの機器は競合もサブスクを始めていたので自社も始めざるを得ない状況にあったが、別の業界向けの機器では先行事例がなかったため、代理店からの反発が危惧され、サブスクの検討を中断せざるを得なかった」と語っていた。先駆者がいない場合のハードルの高さを示す事例といえるだろう。

リリース後の顧客の認知獲得が難しい

自動車業界を例に説明しよう。国内でサブスクサービスの事例が出始めた2019年初頭には各社が顧客獲得に苦戦していたが、サブスクサービスを展開する企業が増えるにつれて、各社の顧客数は増えている。もちろん各社の努力による効果もあるだろうが、世の中に「クルマのサブスク」という概念が浸透した影響も大きいだろう。

展開企業が増えることで、各社のサブスクを比較・解説するサイトができたり、雑誌や記事でサブスク特集が組まれたりするようになり、顧客が比較検討する機会が増えるようになっている。このように、業界として先行事例がない場合は、自社サービスを売り込むより先に、まず顧客に「○○業界のサブスクとは何か」を認知させる必要があるため、顧客獲得に向けたハードルが高くなりやすい。

サブスク事業を検討する際、そもそも商材や業界がサブスクにフィットしているかどうかを検討しておかないと思わぬ落とし穴にはまることになる。

8-2 成功策■フィット&ギャップのチェックリストを活用

では、商材や業界がサブスク事業にフィットしているかどうかはどのように検証できるのだろうか。ここでは、筆者らが実際にコンサルティングの現場で活用している「サブスク・フィット度合い」を見極めるためのチェックリストを紹介する（**図表8-2**）。サブスクのビジネスモデル上の特性を整理し、いわゆる「3C」のフレームワークに当てはめることで、その業界・商材がサブスクに適しているかどうかを判定するためのものである。このリストを活用する際の注意点は、各設問に対する回答が○か×かはさほど重要ではなく、それよりも、これらの設問を通じて、「自社がサブスク事業に取り組む際にどのような点をクリアすべきか」という課題を洗い出すことが重要である。

図表8-2　「サブスク・フィット度合い」を見極めるチェックリスト
出所：筆者

区分	設問	補足説明
顧客	顧客（エンドユーザー）にとって所有よりも利用に価値があるか?	例えばクルマの場合、買っても週末しか乗らない場合は、買わずにレンタカーやカーシェアを「利用」することに価値がある。「所有」、すなわち売り切りの場合、保険や車検といった煩わしい手続きが発生するが、「利用」になるとそこから解放されるため一石二鳥である。モノやサービスを購入して所有するよりも、利用に価値があるなら“○”
	顧客の利用期間がプロダクトのライフタイムより短い利用シーンがあるか?	例えばクルマの場合、工場で造られてから廃車するまでのライフタイムは10年前後といわれているが、地方への転勤時や出産を控えた妊婦がいる家庭など、1～3年といった短期で利用したい層も存在する。利用期間がプロダクトのライフタイムより短い利用シーンがあるなら“○”
	顧客が一時的ではなく、継続して利用する可能性があるか?	サブスクは期間に対して対価を頂くサービスのため、継続利用の可能性がないモノやサービス（例えば結婚式場）のサブスクは成立しにくい。継続して利用する可能性があるなら“○”
	商材のバージョンアップやモデルチェンジが顧客の欲求充足につながっているか?	例えばSaaSのソフトウエアはバージョンアップにより常に最新の機能を使うことができ、顧客の欲求充足につながっている。売り切りの場合は一度購入したモノ・サービスを使い続けなければいけないが、サブスクの場合はアップデートやモデルチェンジを含めたサービス設計が可能。バージョンアップやモデルチェンジが顧客の欲求充足につながっているなら“○”

区分	設問	補足説明
顧客	顧客は購入する場合の初期コストを負担に感じているか?	例えばクルマの場合、購入するとなると初期コストは数十万円～数百万円かかるが、サブスクなら初期コスト数万円。顧客が負担を感じているなら“○”
業界・競合	同業他社がサブスクサービスを提供しており、市場としてサブスクが存在しているか?	業界に先駆者がいない場合はサブスクを成功させるためのハードルが高まる。市場が存在し、そこに先駆者がいるなら“○”
	業界に先駆者がいる場合、差異化の余地はあるか?	先駆者がいる場合、より認知度の高い先駆者のサブスクではなく、自社のサブスクを顧客が選ぶようにするための魅力あるプランが必要となる。差異化の余地があるなら“○”
	「お値打ち価格」を提示できる仕組みがあるか?	サブスクの代表的な顧客提供価値の一つに、他の提供方法に比べた「お値打ち価格（お得感）」がある。飲食店では原料廃棄を見込んだコスト・販売価格を設定しているが、飲食店のサブスクとして「完全会員・予約制」のサービスがある。「完全会員・予約制」により需要予測の精度を上げ、食材廃棄率をほぼゼロにすることで、コスト・販売価格を抑制できる仕組みがあれば“○“
	従来のバリューチェーンの競争領域から、将来のバリューチェーンの競争領域は変わるか?	例えばクルマの場合、これまでの競争領域だった開発や製造から、今後はCASEと呼ばれる構造変化により、「利用」に競争領域が移るといわれており、サブスクは「所有」から「利用」への流れを捉えたビジネスモデルといえる。競争領域が変わるなら“○”
	販売店や代理店などの既存チャネルとのハレーションが起きないか?	サブスクで自社が直接顧客にサービス提供する場合は、既存チャネルからの反発が起きやすい。チャネルの反発により、既存事業の売り上げが下がる可能性もある。ハレーションが起きないような方策があれば“○“
自社	発想の起点として「シーズ（企業）起点」ではなく「ニーズ（顧客）起点」になっているか?	サブスクは顧客の継続利用を前提としており、顧客が早期解約すると事業の収益性を損なうため、販売がゴールの売り切りとは別の視点への転換が必要。ニーズ（顧客）起点になっていれば“○“
	サブスクとリカーリング、レンタル、リース、割賦販売、販売の違いが明確か?	違いは第2章で示した通り。理解が浅いと、社内で認識のずれが発生し、リースなど他のビジネスモデルの方が適している場合に検討が漏れる可能性がある。違いが明確であれば“○“
	従来の売り切りとサブスクを併用した際に、ビジネスとして成立するか?	同じ商材で売り切りとサブスクを並行させる場合、社内外から抵抗がある。クルマの場合は、初期コストが安いサブスクを「まき餌」として「利用」につなげ、将来的な購入者の裾野を広げようとしている。ビジネスとして成立すれば“○“
	サブスクビジネス導入の際に自社として使えるアセットの調査・棚卸しはできているか?	商品やサービスだけでなく、既存の業務プロセスや直営店・量販店など各チャネルとの関係性、ブランドなど含めての棚卸しが欠かせない。棚卸しできていれば“○“
	既存事業からの変革の場合、一時的な収益の落ち込みをどの程度許容できるか試算しているか?	サブスク化する過程では、短期的な減収とコスト増が避けられない。サブスクのための新たなシステム開発投資やマーケティングコストがかさむのに対し、収益は月ごとに長期間かけて回収する必要がある。短期的な収益・利益悪化に対して、経営層を含めて理解を得られないとサブスクは事業化できない。試算できていれば“○“

図表8-2のチェックリストは、筆者らが所属するクニエが展開している「サブスク診断サービス」から一部を抜粋したものである。「サブスク診断サービス」は、企業でサブスクの事業化に取り組む方々のお悩みから生まれたサービスだ。筆者らがサブスク事業のコンサルティングを行う中で、「自社の事業、取り扱うモノやサービスはサブスクにフィットするのか」「サブスク事業を始める際に検討すべき項目は何か」という相談が多く寄せられ、それに応えるべく筆者らのノウハウを体系化したものである。

本書では紙幅の都合で全部紹介していないが、「サブスク診断サービス」では、事業企画、財務、会計、業務、ITシステム、労務、マーケティング、営業など、網羅的・体系的な観点から全100問の問診・診断を行っている。例えば医師が「頭が痛い」という患者に対し、「風邪なのか」「ストレスの影響なのか」「飲みすぎて二日酔いなのか」「重大な病気なのか」など、複数の問診を通じて診断結果を出すように、「サブスク診断サービス」ではクニエのコンサルタントが網羅的に100問の問診を行うことで、サブスク事業の導入ポテンシャルや今後の検討課題を「診断結果」としてレポートにまとめている。

2021年2月のサービス開始からこれまでに、様々な業種の企業に向け、数十社の診断を行ってきた。サブスク事業の検討を始めたばかりの企業だけでなく、「リリースが迫り、検討に抜け漏れがないかチェックしたい」「社内の経営層から承認を得るために客観的な説得材料が欲しい」「サービスリリース後に会員獲得が進まず、助けてほしい」など、様々な悩みに応えてきた。

8-3 理論的裏付けや事例■STPDサイクル

サブスクに限らず、未知の領域に取り組む際に参考となるフレームワークとして「STPDサイクル」（**図表8-3**）がある。マーケティングの大家として知られるフィリップ・コトラー教授と、富士フイルムCEO（書籍発売時）古森重隆氏の共著である『Never Stop - Winning Through Innovation（邦題：NEVER STOP イノベーティブに勝ち抜く経営）』（2020年）にて、STPDサイクルが紹介されている。

STPDサイクルは、2000年代初頭のデジタルカメラの普及により、写真フィルムの需要急減に直面した富士フイルムが事業の多角化を進める過程で展開された考え方である。一般的なマネジメントサイクルとしてはPDCA（Plan-Do-Check-Action）が有名だが、特にこれまでの知見や経験則が通用しない未知の領域に挑戦する際には、最初から

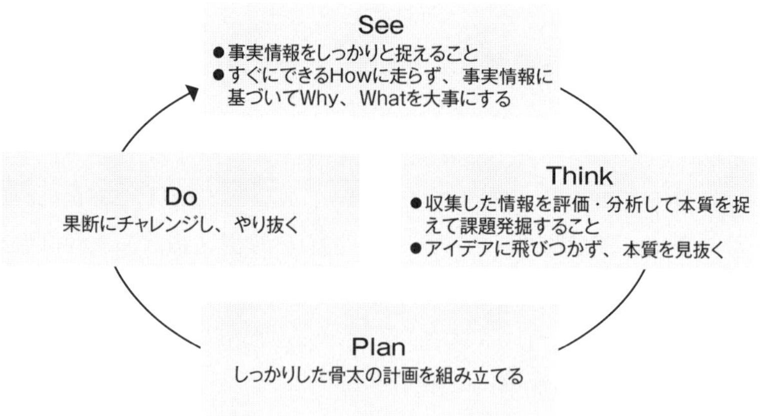

図表8-3　STPDサイクル

出所：筆者。図中テキストは『NEVER STOP イノベーティブに勝ち抜く経営』（フィリップ・コトラー、古森重隆）から引用

適切な計画立案（Plan）を立てることは難しい。そこで、同社は変化に対応するための思考法として、計画立案の前段階を重視したSTPD（See-Think-Plan-Do）サイクルを制定し、全従業員に周知させた。

サブスクは既存事業の延長ではなく新規事業として捉えることが望ましい。本業消失の危機に直面した富士フイルムがSTPDサイクルを活用して多角化を成功させたように、サブスクに取り組む際も、計画立案（Plan）に飛びつくのではなく、まずは事実情報を捉え（See）、情報を評価・分析して課題発掘する（Think）ことが重要である。本章で紹介したフィット＆ギャップ分析や「サブスク診断サービス」は、STPDサイクルの一つとして位置付けることができるだろう。

第8章のまとめ

- サブスク事業の検討を始める際に、その業界にサブスクサービスを行っている先駆者がいない場合は、まず商材や業界がサブスクにフィットしているかを見極める必要がある。

- 事業の「サブスク・フィット度合い」を見極めるには、本書に掲載したチェックリスト（**図表8-2**）を活用し、網羅的なチェックを行うことが有効である。

- より体系的・網羅的にチェックを行いたい場合は、筆者らが所属するクニエの「サブスク診断サービス」を活用する方法もある。

- 富士フイルムがSTPDサイクルを活用して多角化を成功させたように、サブスクを始める際もまずは事実情報を捉え（See）、情報を評価・分析して課題発掘する（Think）ことが重要である。

第9章 失敗要因④ ビジネスモデルが不整合である

9-1 失敗の構造■曖昧な課題

失敗要因④として「ビジネスモデルが不整合である」が挙げられる。その失敗の構造を探っていこう。

ビジネスモデルとは「顧客に価値を与えることで、企業が利益を得る仕組み」であり、サブスクに限らず事業の成功に向けて欠かせない要素である。第6章でも紹介した通り、サブスクは「既存事業の延長」として捉えられることが多く、結果としてビジネスモデルが軽視される傾向にある。第2章では顧客の課題を起点として、ビジネスモデルの構成要素を「顧客提供価値」「業務プロセスと経営資源」「財務モデル」に分解し、それら3要素が整合していることの重要性を説いている。しかし、筆者らが実施した調査結果によると、失敗するサブスクの多くは「ビジネスモデルの各要素が整合していない」ことが判明している。

ここでは、「ビジネスモデルの不整合」を次に示す4つの型に分けて紹介する（**図表9-1**①～④に対応する）。

①ターゲット顧客と顧客課題が曖昧
②顧客課題と顧客提供価値の不整合
③顧客提供価値と業務プロセス・経営資源の不整合
④顧客提供価値と財務モデルの不整合

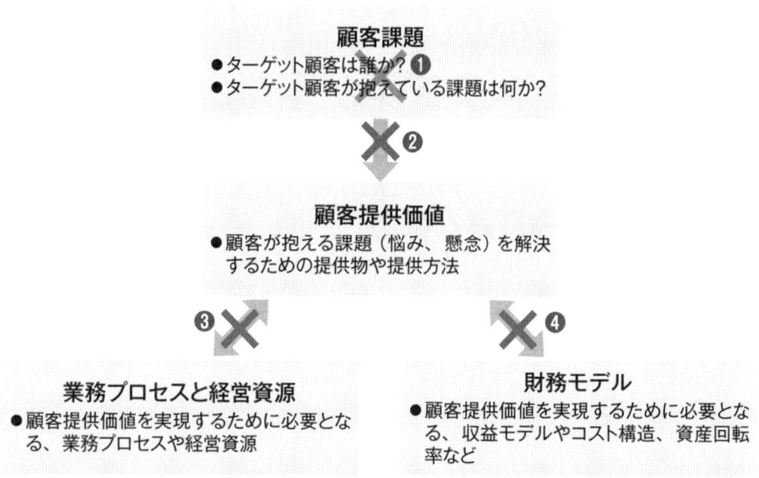

図表9-1　ビジネスモデルの不整合
出所：筆者

①ターゲット顧客と顧客課題が曖昧

ビジネスモデルは「ターゲット顧客」と「顧客課題」を起点とし、顧客提供価値、業務プロセスと経営資源、財務モデルを設計する。ターゲット顧客と顧客課題が曖昧だと、ビジネスモデルの各要素も曖昧にならざるを得ない。

例としてブランドバッグのサブスクを考えてみよう。ターゲット顧客を「20～35歳の独身女性」、顧客課題を「ブランドバッグを低価格で使いたい」と設定した場合、「ブランドバッグをサブスクで提供する」という抽象的なサービスしか設計できない。一方、ターゲット顧客を「（価格的に手が届かないので）ブランドバッグに興味がないと思い込んでいるが、機会があれば利用したいと思っている27歳、新宿在住の独身女性」、顧客課題を「高級品のブランドバッグを借りるのは恥ずかしい」「利用シーンやコーディネートに合わせてブランドバッグを使い分けたい」というレベルまで明確にできれば、顧客提供価値や、それに必要な業務プロセスなど、ビジネスモデルを具体的に描くことができるようになるだろう。

②顧客課題と顧客提供価値の不整合

顧客課題を特定した後は、顧客課題に合わせて顧客提供価値を設計する必要がある。ここで顧客提供価値とは、以下に示すように、顧客に提供する「提供物」や「提供方法」を指している。

商材

商材（モノ・サービス）そのものや、商材の組み合わせ（単体で提供/付帯品とのセット提供、使い放題）など。

料金

価格の高低や、支払い方法（一括/分割払い）など。

提供方法

利用に伴う手続きの多寡、サポートの有無など。

本来は顧客課題に合わせて顧客提供価値を設計する必要があるが、企業側の都合により、課題と提供価値が不整合になるケースが多い。例えば家電のサブスクとして、「購入すると数万円するが、口コミが良い家電を手軽に試してみたい」という顧客課題への提供価値を考える。この場合、サブスクとして初期費用を軽減することで「手軽に試せる」ことが顧客提供価値となるだろう。しかし、企業としては中途解約により回収できなくなるリスクを避けたいので、「最低利用期間」と「早期解約に対する解約金」という“縛り“を設定したとする。そうすると、「手軽に試せる」という顧客提供価値を目指しているのに、最低利用期間と解約金が「手軽さ」の障壁になり、提供すべき顧客提供価値との不整合が発生している。

③顧客提供価値と業務プロセス・経営資源の不整合

顧客提供価値は、業務プロセスや経営資源と整合している必要があるが、そうでないケースがある。例えば飲食店で「月額定額で通い放題」のサブスクを提供する場合、店舗の席数（経営資源）には限りがあるため、想定以上に会員数が増加した場合には席数が埋まってしまい、「通い放題なのに通えない」という状況が発生する。また、メーカーなどのモノ売り企業が、「顧客と商材をマッチングするアルゴリズム」や「IoTによるデータ活用」などテクノロジーを活用したサブスクを目指す場合には、モノ売りにはなかった業務プロセスや人材（経営資源）が必要になる。この場合は、新たな業務プロセスや人材獲得のハードルが軽視されたまま検討が進み、結果として中途半端な業務プロセスになり、想定していた提供価値を実現できない事例も多い。

④顧客提供価値と財務モデルの不整合

業務プロセスや経営資源と同様に、財務モデルも顧客提供価値との不整合を引き起こす場合がある。③で紹介した飲食店の事例で、サブスクと都度課金を併用する場合を考えてみよう。サブスク会員は月額固定なので、何回来店しようと店舗の収益は一定だが、一方、都度課金の顧客は来店するたびに店舗の収益が増える。限りある店舗の席数の中で、サブスク会員の来店頻度が増えると、都度課金顧客の来店機会を奪うことになるので、店舗としては増収機会を逃すことになる。つまり、サブスク会員を増やすと安定した定期収入が増えるものの、その半面、店舗としての増収機会が奪われるという構造的なトレードオフが発生するのだ。

また、第7章で紹介した「借り放題」のサブスクでもトレードオフが発生しており、ユーザーの顧客満足度が上がって利用頻度が増えるにつれて、企業としては配送費などのコストが増加する構造となっていた。ユーザーの継続率を高めるには利用を促進したいが、一方で収入は一定なので、利用が増えると企業の採算が悪化するという構造的な矛盾が生じるビジネスモデルなのである。

このように、顧客課題が曖昧な場合や、顧客課題に対してビジネスモデルが整合していない場合は、サブスク事業の失敗を招くことになる。これが「ビジネスモデルが不整合である」ことによる失敗の構造である。

9-2 成功策■ビジネスモデルを磨き上げる2つの方法

「ビジネスモデルの不整合」を防ぐために、ビジネスモデルを磨き上げる２つの方法（「顧客課題の具体化」と「ビジネスモデル策定」）を紹介する。

9-2-1 顧客課題の具体化

顧客課題を特定するには、顧客課題を引き出す手法としてインタビューによる定性調査が有効である。インタビューといっても、「初期費用なしで、サブスクで提供されたらどう思いますか？」という直球の質問は厳禁である。なぜなら、ここで聞くべきは顧客の課題であり、検討中のサービスではないからだ。

顧客課題に関して、マーケティングの大家として有名なセオドア・レビットの著書『マーケティング発想法』にある格言を紹介したい。

「消費者は4分の1インチ径のドリルを買いたいのではない。彼らが欲しいのは4分の1インチの穴だ」

この発言が意味するところは、ドリルを買う人はドリルという「商品」を求めているのではなく、(ドリルを利用した結果としての)穴という「課題解決」を求めているということである。「穴」を得るための課題解決の手段は、ドリルの購入だけでなく、他の手段で穴を開けることもできるし、あらかじめ穴が開いた板を買えば済む場合もあるだろう。

では、インタビューで引き出すべき顧客課題とは何だろうか。サブスクは顧客が継続利用することが前提となるため、「商品の購入」をゴールとしていた売り切りとは考え方を変える必要がある。「商品が手元に届いた後、顧客はどのように利用しているか」「利用に際し、どのような課題を抱えているか」を理解する必要があり、そのためには、いったん自社の商材から離れて(忘れて)、顧客の視点で以下を考えるための質問をする必要があるだろう。

質問 現在、自社が提供している商品・サービスを用いて、顧客が実現したいことは何か?

例えば自動車の場合、一般論としては「目的地への効率的な移動」となる。さらに、「地方への転勤で単身赴任となったサラリーマン」や「急に親の介護で送迎が必要になった人」など、顧客を具体化して考えることで、よりこの質問の解像度を高めることが可能である。

質問　顧客にとって（自社提供しているものに限らず）どのような商品・サービスを、どのように組み合わせて利用できることが望ましいか？

例えば自動車の場合、「目的地への効率的な移動」を実現するための方法としては、「マイカーまたはレンタカー/カーシェアの利用」だけでなく、「複数の公共交通機関を統合した経路検索（MaaS：Mobility as a Serviceの概念）」や「オンライン会議などを活用してそもそも移動しない」など、自社の商材にとらわれず、広範囲に考える必要がある。そうすることで、新たな機会を発掘することにつながるだろう。

質問　顧客が自分でやっていることで、他の人にやってもらいたいことは何か？

例えば自動車の場合、マイカー保有に伴う購入時の諸手続きや保険加入、毎年の車検・メンテナンスなどが該当する。

このように、「クルマ」というモノをいったん忘れて「移動」という顧客体験を起点に顧客の課題を考える（すなわち、一度自社の商材から離れて顧客の体験から考える）ことで、今までの「売り切り」思考で見落としていた顧客の課題に気付くことができるようになるだろう。

誰にインタビューすべきかという観点について、本書の執筆に向けて実施したインタビューでは、「特にB2Bでは、ロイヤルカスタマーへのインタビューが有用である」というコメントを得ている。理由は2つある。1つは、ロイヤルカスタマーは良い意見／悪い意見の両面で建設的なアドバイスを期待できるからだ。もう1つは、社内の経営層からの承認に向けてロイヤルカスタマーからの意見をエビデンスとしやすいためである。例えば「A社の部長が『○○が使いにくい』と言っていた」と言えば納得を得やすいだろう。他社製品を使っている顧客へのインタビューも、同様に「社内承認に向けたエビデンスとして活用できる」とのコメントもあった。

また、B2Cなど顧客層の幅が広い事業の場合は、定性調査に加えて定量調査（Webアンケート調査）を行い、定性調査で特定した顧客課題が、一部の人に限られたものでなく、多くの人が抱えているものであることを担保する必要があるだろう。

9-2-2 ビジネスモデル策定

ビジネスモデルを策定する際は、特定した顧客課題を起点として、「顧客提供価値→業務プロセスと経営資源→財務モデル」の検討プロセスを何度も回すことが重要である。9-1でも解説した通り、「顧客提供価値」を高めるには、「業務プロセスと経営資源」「財務モデル」とのトレードオフが生じることが多いため、トレードオフを認識したうえで、現実的なラインを見極める必要がある（**図表9-2**）。

具体的な進め方としては、顧客課題の裏返しとして顧客提供価値を設定しつつ、それを実現する業務プロセス＆経営資源と、その採算性（財務モデル）を概算で計算することになる。

業務プロセスの検討においては、類似するサービスをユーザーとして体験する方法が有用である。例えば飲料のサブスクを検討している場合、ウオーターサーバーなど既存の定額制サービスをユーザーとして申し込むことで、申し込みや配送、利用、解約に至るまでのプロセスを体験することができ、裏側の業務プロセスについての解像度を高

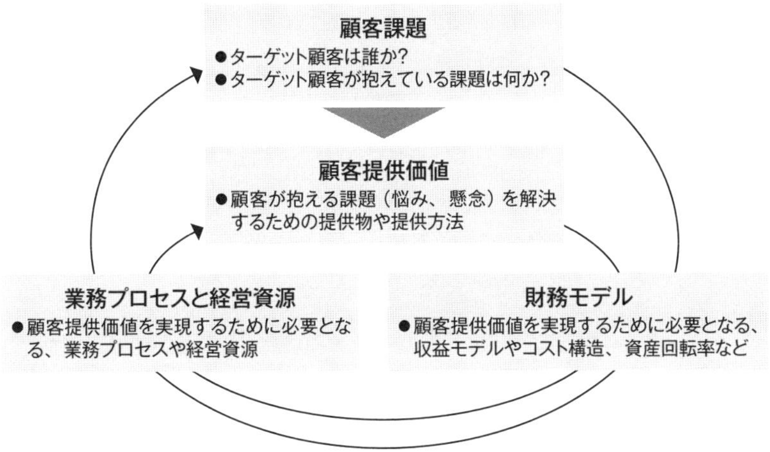

図表9-2　顧客課題とビジネスモデルの相互検証
出所：筆者

めることができる。

筆者らが実施したB2B企業へのインタビューでも、「B2Bのモノのサブスク事例が少ない中、ソフトウエアのサブスク（SaaS）を類似サービスと見なして、申し込みからメンテナンス、アップデート、データ活用など業務プロセスを検討するための参考とした。類似サービスを提供している企業の問い合わせフォームに『利用を検討している』と連絡すれば、その企業の営業担当が窓口となって色々と教えてくれる」とのコメントを得ている。

財務モデルの観点では、収益・費用それぞれについて、売り切りとは異なる考え方が必要となる。まず、収益については、売り切りの「販売数量×単価」ではなく、「顧客数×単価÷解約率」で考える必要がある。ここで、サブスクの顧客数は、解約率を上回るだけの新規顧客を獲得しないと増加しない。つまり、顧客獲得だけでなく、解約抑止が重要な要素となるが、売り切りの発想では解約抑止という概念がないため、試算時にどのように妥当な解約率を算出するかが難しい。しかし、解約率を不当に低く見積もると、その収益計画は"絵に描いた餅"となってしまうだろう。なお、「顧客数×単価÷解約率」の考え方については第13章で詳しく説明する。

費用についても、一般的な変動費／固定費の区分とは違った切り口で考える必要がある。参考までに、一般的な変動費／固定費の定義を紹介する。

変動費

売り上げなどに比例して自動的に増減する費用。代表例は、メーカーなら製品に投入する原材料費や、卸・小売業なら仕入れ原価が該当する。

固定費

売り上げなどに比例して自動的に増減しない費用。設備の減価償却費や、オフィスの賃料などが該当する。

サブスクの売り上げは、販売数量ではなく、顧客数と継続期間に応じて発生するため、費用についても以下の切り分けを明確にしたうえで、概算する必要があるだろう。

売り上げと対応した 1取引ごとに発生する費用

例えば飲食物（ビールなど）を毎月定期配送するサブスクで発生する、製造原価や輸送費が該当する。売り切りの変動費と同様の概念のため、売り切りに近い考え方で試算できる。

売り上げにはつながらない 1取引ごとに発生する費用

例えばアパレルなど「使い放題」のサブスクで発生する、ユーザーに発送する際の輸送費や、ユーザーから返送された際の輸送費・メンテナンス費などが該当する。また、飲食店の「食べ放題」のサブスクで発生する材料費も該当する。売り上げにはつながらないが、顧客の継続率に影響を与える費用のため、ユーザーの利用頻度を適正な水準にコントロールすることが重要となる。

ユーザー数に応じて発生する費用

顧客獲得コスト＝CAC（Customer Acquisition Cost；Web広告費や営業人件費が該当）や、耐久消費財サブスクの商品（クルマなどユーザーに提供するモノ）の減価償却費が該当する。

固定費

サブスク用に開発したシステム（無形商材）の減価償却費など。

既存ビジネスでは発生していなかった業務プロセスについては、その業務によってどのような費用が、どのような頻度で発生するのかを考えておかないと、第7章で紹介した「借り放題」の事例のように落とし穴にはまることになるだろう。

また、ビジネスモデルの検討で特に重要となるのが価格設定である。安価にすればするほど、顧客にとってはメリットにつながるが、自社の財務モデルとしての採算性は損なわれてしまう。価格設定については唯一絶対の解はないが、サブスクの位置付けについて考えることが重要である。例えば売り切りと同じサービス内容でサブスクとして提供する場合は、売り切りに対する価格メリットを訴求する必要があり、サブスクは中途解約リスクを抱えている分だけ採算割れを起こしやすい。そのため、売り切りの延長としてサブスクを考えるのではなく、第7章の複合機業界の事例のように、サブスクを入り口として位置付けるという考え方も有用である。

筆者らが実施した耐久消費財のサブスクを提供している企業へのインタビューで、次のようなコメントを得た。

「サブスクの料金を決める際、新しいモノの使い方として、まずは経済的な誘因が重要。サービス内容が良くても価格が合わなければ普及しない。そもそもサブスクは、顧客が購入する際のハードルを下げつつ、LTV（Life Time Value；顧客生涯価値）を高めるという両立を目指すものであり、値段を上げると取り組む意義がなくなる。初めは売り切りに比べて損したように見えても、自社のプラットフォームとして継続的な顧客を獲得できれば、リスクを抑えて新製品を投入できるなど、総合的に見て様々な利益がある。短期的な自社の欲に飛びつかないことが重要である」

これまで見てきたビジネスモデルの構成要素である「顧客提供価値」「業務プロセスと経営資源」「財務モデル」は、それぞれ影響し合う関係にあるため、どれか1つの検討を具体化しても、他の2要素で不都合が生じる場合もある。そのため、ビジネスモデルを考える際には、「顧客提供価値→業務プロセスと経営資源→財務モデル」の検討プロセスを何度も回すことで、精度を高めていく必要がある。

9-3 理論的裏付けや事例■GMとホンダのビジネスモデル

自動車のサブスクについて、米ゼネラル・モーターズ（以下、GM）の「ブック・バイ・キャデラック」と本田技研工業（以下、ホンダ）の「ホンダ マンスリーオーナー」の2事例を比較しながら、ビジネスモデルがサブスクの成否に与える影響を解説する。

まず、GMの「ブック・バイ・キャデラック」は、2017年に米国でサービス開始したものの、2018年にはサービス休止に至った失敗事例として知られている。高級車のキャデラックを乗り換え放題で利用でき、白い手袋をはめた専門の係員が車両を届けるなどの上質なサービスを売りにしていた。しかし、リース料金の1.5～2倍に当たる月額1800ドル（約20万円）という価格がユーザーから不評を買い、在庫管理、清掃、補修費などのコストが想像以上にかさんだこともあり、撤退に至ったといわれている。

これは、顧客提供価値と業務プロセス、財務モデルを見誤った典型的な例といえるだろう。高級車を上質なサービスで提供するのは顧客価値につながるものの、ユーザー目線で見れば価格は重要である。リースなど他の手段に比べて価格メリットが出せず、さらに清掃や補修など人手のかかるサービスで業務プロセスを標準化できず、想定を上回るコストになったものと考えられる。財務モデルの見積もりと、価格設定の重要性を示す事例といえるだろう。

対照的な事例に「ホンダ マンスリーオーナー」がある。これは、最短1カ月で利用でき、月額2万9800円（税込）からと低価格で利用できるサブスクサービスである。ホンダは「一時的な単身赴任、妊娠時の病院送迎や介護時の送迎」というニーズに目を付け、1カ月以上、最大11カ月間まで、1カ月単位で利用できるプランとしている。他社のサブスクは新車が主流の中、「週に一度カーシェアを利用する場合と同程度の価格」を実現するために、中古車を利用するという選択をしている。

これは、顧客課題を起点として、うまくビジネスモデルを整合させた好例といえるだろう。つまり、「ライフスタイルの変化に合わせて一時的にクルマを利用したい」という顧客課題に対し、「低価格で短期利用できる」という顧客提供価値を設定している。一般的にサブスクは、短期利用になると収益性を損ないやすいが、ホンダは中古車を利用することで、収益性と顧客提供価値のバランスをとることに成功している。実際、2020年1月には埼玉県和光市の1店舗のみで試験導入し、「初年度は50台程度の利用を想定」とコメントしていたが、その後2020年9月には対象店舗を広げ、その時点で1000人弱が会員になっていることからも、想定以上の反響があったといえる。

このように、同じ業界であっても、顧客課題の明確さや、ビジネスモデルがうまく描けているかによって成否が分かれる。

第9章のまとめ

- 失敗するサブスクの多くは、「顧客課題が曖昧」「顧客課題と顧客提供価値が不整合」「顧客提供価値と財務モデルが不整合」など、ビジネスモデル上の課題を抱えている。

- 顧客課題を特定するためには、いったん自社の商材から離れ、顧客の目線に立って、その商材の利用に伴う課題を洗い出す必要がある。

- ビジネスモデルを策定する際には、特定した顧客課題を起点として、「顧客提供価値→業務プロセスと経営資源→財務モデル」の検討プロセスを何度も回すことが重要である。

- 特に財務モデルは売り切りと異なる考え方が必要となる項目が多いため、見落としがないよう留意する必要がある。

- 自動車業界の事例で示したように、同じ業界であっても、顧客課題の特定とビジネスモデルの巧拙により、明暗が分かれる。

第10章　失敗要因⑤ サービス事業開発の仕組みがない

10-1 失敗の構造■マネジメントがゲートとして機能しない

失敗要因⑤として「サービス事業開発の仕組みがない」が挙げられる。その失敗の構造を探っていこう。サービス事業の仕組みがないとはどういうことか、「プロセス」と「ゲート」の観点で解説する。

10-1-1 サービス事業の仕組みがない／プロセス編

プロセスについては、「新規事業開発プロセスがない場合」「サービスの事業開発プロセスがない場合」「事業開発プロセスを使わない場合」の3つのケースに分けて説明する。

新規事業開発プロセスがない場合

企業内に共通的な事業開発プロセス（標準的な検討の流れ、検討項目、審議・承認タイミング、企画フォーマットなど）が存在せずに、個別に対応していく状況である。この場合、組織としての事業開発リテラシーが担保されないため、事業開発担当者の属人的な能力に依存してしまうことになる。そのため、初めて事業開発を担当する初心者と豊富な経験と知見を持っているベテランでは、事業開発の質やスピードに差が生じる。

インタビューを行ったアパレル企業と家電メーカーの例を紹介しよう。この2社は、いずれも企業内に共通的な事業開発プロセスが存在していない状況下でサブスクの新規事業を立ち上げた。

アパレル企業は、事業企画未経験のメンバーで企画が検討された。企画の検討結果は、ターゲット顧客が曖昧、アイデアを検証する調査も行われず仮説のままサービスを提供開始、利用頻度に応じて発生し得るオペレーションコストを加味した収支モデルの設計が不十分など、事業開発が十分にできていたとは言い難いものであった。残念ながら、事業成果は思わしくない状況であった。

一方の家電メーカーは、もともと事業戦略やM&Aを手掛けてきたベテランの担当者が検討した。サブスクモデルの理解からスタートし、ターゲット顧客の明確化、アイデア検証、緻密な事業収支モデルの設計など、しっかりと検討され、事業成果としては早期に単月黒字を実現できていた。

このように、共通的な事業開発プロセスがないと、事業開発担当者の能力に依存した結果になってしまう。また、長い目で見ても、共通的なプロセスがないと、それぞれが異なるやり方で進めてしまうため、ノウハウの蓄積や共有がしづらく、過去の実績からの学びを生かしにくい。逆の言い方をするならば、共通的な事業開発プロセスがあると、事業開発担当者は、過去のプロジェクトで各プロセスがどのように実施されたかを確認することができる。そうすると、検討の抜け漏れの低減や実施方法の具体化が進み、事業開発の質やスピードも上がる。

サービスの事業開発プロセスがない場合

モノ売りの事業を営んできた企業では、事業開発プロセスが確立されていることも多い。細かく検討項目や成果物が定義されているため、担当者が誰であれ、ある程度の水準で事業企画の品質が担保できるようになっているといえる。一方、モノ売りの事業を営んできた企業は、サービスの事業開発プロセスの経験は乏しく、プロセスも定義されていないことが多い。そうなると、既存の事業開発プロセスでは、モノ売り事業とサービス事業の特徴の差異によって、検討漏れや検討不十分となりやすい。

例えば販売チャネルの観点では、小売事業者経由で販売していたモノ売りからサブスク事業に転換する場合、消費者に直接販売するチャネル（契約申し込みサイトなど）を新たに準備する必要が出てくる。また、規約の観点では、モノ売りのときと異なり、キャンセル時の条件、返品時のオペレーション、料金の精算条件など、継続する顧客接点における様々な取り決めを明確にして、規約に盛り込むことが必要になる。

インタビューを行った耐久消費財メーカーでは、モノ売り事業として、従来は商品を作り、在庫し、販売していた。一方、サブスク事業では、中古商品でサブスクを提供するようになり、古物商登録が必要だということがリリース前に判明した。慌てて登録手続きを行ったが、当初の提供開始予定日に間に合わず、予定日を延期して対応したという。

このように、従来のモノ売り事業のプロセスがあっても、サービス事業にはそのまま適用できないこともあるので注意したい。

事業開発プロセスを使わない場合

事業開発プロセスがありながらも対象プロジェクトでは適用しないで検討を進めるケースである。例えば経営企画部の主導による特別プロジェクトで、通常の事業開発プロセスを適用しない場合が該当する。

このようなプロジェクトの場合、プロジェクトのタスクをきちんと設計していないと、現場がどこに向かっているのか、何をどこまですればよいのか分からなくなる。その結果、メンバーが右往左往したり、方針が二転三転したりして、検討メンバーの疲弊を招くことがある。特に新たなサブスク事業の創出を掲げて大所帯のプロジェクト体制で発足した場合は、リスクが大きくなる。人数が多いため意思疎通はより一層難しくなり、曖昧なプロセスによる混乱はさらに発生しやすくなるのだ。

インタビューを行った家電メーカーでは、経営企画部主導によるサブスクの特別プロジェクトを立ち上げた。しかし、スコープ、タスク、マイルストーンが明確に設定されず、いつまでに何を決めるのかも分からないまま、同じ議論の繰り返しや方針の二転三転で、現場が疲弊する状況に陥ってしまったとのことである。

このように、既定のプロセスを適用しない特別プロジェクトでは、より一層プロジェクト管理の重要性が高くなるので気を付けたい。

10-1-2 サービス事業の仕組みがない／ゲート編

次に、ゲートの観点について解説する。新規事業開発の経験が乏しいと、既存事業の経験のみで判断し、偏った視点で新規事業を見てしまう傾向にある。また、モノ売り事業で経験豊富なマネジメント層は、サービス事業については経験がなく目利きとはいえない場合がある。これらは、サービス事業開発の仕組みとして「ゲート」が機能しない状況である。ここでのゲートとは、事業企画の質を高めるために、特定のタイミングで事業開発の検討内容を確認し、次のステップに進むに十分な内容かどうかを判断するものである。

既存事業の物差しで新規事業を見てしまうと、既存事業のプロセスや価値基準を新規事業に持ち込んでしまい、せっかくのビジネスチャンスを見逃してしまうこともある。例えば、あるビールメーカーが代理店経由で市場にビールを流通させていたとしよう。消費者は自分好みのビールを探しつつ、自宅で作りたてのビールを飲みたいというニーズがあるため、このメーカーは一般家庭向けビールサーバーを使ったビールの販売を考えたとする。顧客ニーズを考えると直接顧客に販売するのがベストだが、既存事業のセオリーを踏襲すると、家庭用ビールサーバーのサービスを、代理店を経由して酒店で販売するという実現方法に湾曲されてしまいかねない。新規事業の芽を摘んでしまうのだ。

本来、経験豊富なマネジメント層のレビューを繰り返すことで事業企画の質は高まるが、サービス事業の経験がなければ、その役割を果たすことができない。インタビューを行った食品メーカーは、モノ売りで長年事業を続けてきたが、サブスクとなると、マネジメント層には今までの経験も判断するための知見もなく、議論が何度も繰り返されるが堂々巡りで、意思決定も遅くなってしまったそうだ。

10-2 成功策■短期的には活用し、中期的には構築する

「サービス事業開発の仕組みがない」という失敗要因に対して、「プロセス」と「ゲート」の観点で解説した。それらを踏まえたサブスク成功策を「短期」と「中期」に分けて解説する。

10-2-1 短期の成功策

短期の成功策として、「方法論の活用」「社内既存リソースの活用」

「社外リソースの活用」「新たなリソースの獲得」の4つを紹介する。

短期成功策①方法論の活用

自身の基礎知識のためにも、事業開発プロセス関連の参考文献には目を通しておくとよいだろう。

ステージゲート法

まず、事業開発の共通プロセスの考え方については、ステージゲート法の考え方が参考になる。ステージゲート法は、新規事業開発において、アイデアの創出から事業開始までのプロセスを管理するフレームワークである。新規事業開発プロセスを複数の「ステージ」に分けて、各ステージをクリアするための要件に対して評価する「ゲート」が設けられている。このゲートによって、段階的にビジネスアイデアを絞り込むことができ、かつゲートの要件に沿った評価が行われるため、失敗リスクを早期に発見し対応できることがメリットである。一方、ステージゲート法では、臨機応変の変化や前工程に戻って再検討を行うなどの対応がしにくくなるため、その特徴はあらかじめ理解しておく必要がある。

ビジネスモデル・ジェネレーション

次に、サービスのビジネスモデルを構築する観点ではビジネスモデル・ジェネレーション（BMG）の方法論が参考になる。BMGは、どのように価値を創造し、顧客に届けるかを論理的に可視化するフレームワークである。BMGの詳細については、10-3にて紹介する。

ITIL

最後に、サービスマネジメントの側面ではITILのフレームワークが参考になる。ITILとは「Information Technology Infrastructure Library」の略で、ITをビジネスで生かすために世界中のノウハウ（ベストプラクティス）をとりまとめたものである。日立ソリューションズの笹森俊裕氏と満川一彦氏の著書『IT Service Management教科書 ITIL ファンデーション シラバス2011』（2013年）によると、「ITILでは、ITサービスの始まりから終わりまでを『サービスライフサイクル』と呼び、以下の5つのフェーズ（段階）をサイクルで回してサービス価値を高めていくことを提唱している」と解説している。5つのフェーズとは以下である。

フェーズ1 サービスストラテジー（戦略の立案）
フェーズ2 サービスデザイン（戦略に基づいたサービスの設計）
フェーズ3 サービストランジション（設計に基づいたサービス導入）
フェーズ4 サービスオペレーション（サービスの運用）
フェーズ5 継続的サービス改善

これは、ITに限らずあらゆるサービス事業に適用可能な概念である。ITILのフレームワークを活用することで、具体的にどのような観点を持つ必要があり、何をすればよいのかが分かるようになる。これがITILのメリットである。

短期成功策②社内既存リソースの活用

小さな事業の経験でもよいので、サービス事業開発の経験者を見つけるとよい。社内での経験でも、前職での経験でも構わないので、とにかく見つけて支援、アドバイス、レビューなどの協力を得られる環境を整えたい。もし、自部門、他部門を含めて、過去に社内でサービス事業の開発実績があれば、その当時のWBS（Work Breakdown

Structure；作業を分解して構造化したもの）など、作業内容と実施スケジュールが記載された資料を入手したい。こうした資料があると、事業開発において、どんなことを、どのタイミングで実施しないといけないのかが分かるので、検討の抜け漏れ軽減や効率化が図れる。

短期成功策③社外リソースの活用

社内に適切な支援者がいない場合、社外のコンサルタントや事業家などの知見保有者のサポートを活用することも有効な手段である。インタビューを行った耐久消費財メーカーでは、サービス事業開発の経験がないため、全体のプロジェクト設計や管理、サービス事業の業務プロセス設計など、不足を認識した領域にて、コンサルティング会社からサポートを得ていた。

また、別の食品メーカーでは、コンサルティング会社から、特定の期間だけスポット的に支援を受けていた。ところが、その方法は事業開発の現場と噛み合わず、良い成果が出せなかったため、コンサルタントを常駐で社員メンバーと一緒に動く委託方法に契約を変えた。この策が功を奏し、手触り感のある事業開発サポートが得られるようになったという。

社外リソースは自社の補完的な役割として、自社の事情に合わせてうまく活用する必要がある。

短期成功策④新たなリソースの獲得

サービス事業開発において、不安に感じている領域や観点で、経験や知見を保有している人材を採用することも有用な選択肢である。例えば、次のような状況で採用を検討することも考えられる。

- サービス事業開発全般に不安を感じているのであれば、サービス事業開発の経験者。

- サービス設計に不安を感じていたら、SLA(Service Level Agreement)や仕様、マニュアル、サービスドキュメントの作成経験者。

- サブスクのビジネスモデルに不安があれば、デジタルコンテンツも含めてサブスク事業の経験者。

10-2-2 中期の成功策

中期の成功策として、「プロセスの構築」「支援組織の設置」「社内ノウハウの集約・蓄積」の3つを紹介する。

中期成功策①プロセスの構築

モノ売り事業からコト売り事業へと変革していく企業であれば、中期的にはサービス事業開発の標準的なプロセスを作成することをお勧めする。モノ売り事業のプロセスがあれば、それをベースにサービス事業での相違点を明確にして明文化することも効率的である。共通的な事業開発プロセスがあると関係者の共通言語も整い、各プロセスが過去のプロジェクトにてどのように実施されたかを参照しやすくなり、具体的な検討方法も確認しやすくなる。例えば検討ステップ、実施内容、アウトプット、主要ゲート、会議体などが定義されたプロセスが一般的であろう。

中期成功策②支援組織の設置

プロセスの構築と同様に、中期的には新規事業の創出や成長を支援する組織(インキュベーション組織と呼ばれることもある)を設置することが望ましい。この組織の役割を「門番」と「伴走」の２つの側面から解説する。

「門番」の役割は、新規事業の検討項目が定義されたプロセスにのっとって、抜け漏れやズレを詳細に確認していくことである。事業の意思決定者が細かくすべてを確認することは難しいので、この支援組織が事業企画の内容を客観的に精査するという位置付けである。具体的には、ターゲット、ペイン、顧客価値、提供ソリューション、競合や代替手段、販売チャネル、マネタイズモデル、収支計画などの各項目を、支援組織の目線から確認していく。

「伴走」の役割は、定義されたプロセスやルールを全うする際に、新規事業の担当者ではスキルが不足する部分があるので、アドバイザーとして実行をサポートすることである。この支援組織のメンバーは、サービス事業開発プロセスに対する専門家であり、企業内の業務にも幅広い理解があることが望ましい。顧客の課題が解決するだけの価値があるものかの見極めや、採用する技術の選択などは相応の経験が求められるが、例えば営業・製造・受注管理・在庫管理・品質保証・物流などの企業内の業務理解は、数日のトレーニングプログラムを用意することである程度カバーすることができるだろう。

中期成功策③社内ノウハウの集約・蓄積

中期的には、社内ノウハウの集約・蓄積にも取り組んでいく必要がある。前述の標準的なプロセスが構築されていると、各検討項目に対する過去の事業開発プロジェクトでの検討方法やアウトプットが参照しやすい。後続のプロジェクトの企画担当者としては非常に勉強になる。新規事業の社内ノウハウの集約・蓄積の観点でいえば、この機能は各事業部門での設置よりも会社横断的な位置付けで設置した方が経験数も増え、より効果が期待できる。

10-3 理論的裏付けや事例■ビジネスモデルキャンバス

サブスク事業のビジネスモデルを整理する方法論の参考として、アレックス・オスターワルダー＆イヴ・ピニュールの著書『Business Model Generation（邦題：ビジネスモデル・ジェネレーション ビジネスモデル設計書）』（2010年）を紹介しよう。この本では「ビジネスモデルとは、どのように価値を創造し、顧客に届けるかを論理的に記述したもの」と定義している。ビジネスモデルを9つのブロックで構成し、それを可視化するフレームワークとして「ビジネスモデルキャンバス」を紹介している。これを活用することによって、自身の考えて

図表10-1　ビジネスモデルキャンバス
出所：『ビジネスモデル・ジェネレーション ビジネスモデル設計書』（アレックス・オスターワルダー、イヴ・ピニュール）を参考に筆者作成

いることの整理、関係者同士での共通の理解の醸成、検討の抜け漏れの確認などの効果が期待できる（**図表10-1**）。

顧客セグメント

企業が関わろうとしている顧客グループについて定義する。

価値提案

特定の顧客セグメントに向けて、価値を生み出す製品とサービスについて記述する。

チャネル

顧客セグメントとどのようにコミュニケーションし、価値を届けるかを記述する。

顧客との関係

企業が特定の顧客セグメントに対してどのような種類の関係を結ぶのかを記述する。

収益の流れ

企業が顧客から生み出すお金の流れを表現する。

リソース

ビジネスモデルの実行に必要な資産を記述する。

主要活動

企業がビジネスモデルを実行する上で必ず行わなければならない重要な活動を記述する。

パートナー

ビジネスモデルを構築するサプライヤーとパートナーのネットワークについて記述する。

コスト構造

ビジネスモデルを運営するに当たって発生するすべてのコストを記載する。

第10章のまとめ

- 3種類のサービス事業開発プロセスがない状態（新規事業開発プロセスがない、サービスの事業開発プロセスがない、事業開発プロセスを使わない）に該当した際には、失敗に陥りやすい危険性をはらんでいることを認識する。

- マネジメント層に新規事業経験が乏しく、サービス事業の開発経験がない状況であれば、「新規事業の芽を摘まれてしまうリスク」と「事業企画の質が向上しないリスク」を認識する。

- サービス事業開発の仕組みがないと認識したら、そのリスクを軽減するために、短期、中期で対策を講じる。

- 短期的には、まずは方法論を学習してベースの知識を身に付ける。社内の過去実績事例や有識者を探して、有効活用を検討し、コンサルティング会社など社外の知見保有者の活用も選択肢として考える。また、人材不足と思われ、社内に取り込みたい領域の専門家は採用を検討する。

- 中期的には、共通的なプロセスを構築して学習しやすい環境をつくり、それをサポートする新規事業支援組織を設置することが望ましい。また、社内ノウハウの集約・蓄積は、1つの事業部内よりも会社横断的に取り組んだ方が効果は見込める。

第11章　失敗要因⑥ 既存事業と競合している

11-1 失敗の構造

■商品が違えばプロセスと価値基準は共有できず

失敗要因⑥として「既存事業との競合」が挙げられる。その失敗の構造を探っていこう。新規事業を立ち上げるとなると、今までに築いてきた既存事業のリソースをできる限り有効活用したいと考えるのが自然な流れであるが、既存事業と新規事業で共有させるのは難しい面がある。

例えば、あるメーカーで、数十万円する高級ブランドバッグを製造していたとしよう。そのメーカーで新規事業として数千円のバッグを製造しようとすると、それを実現するための製造設備、資材調達、人材育成、品質基準、利益基準などが新たに必要になる。製造設備は高級ブランドの既存のものが活用できるかもしれないが、高級バッグの素材の仕入れや生産における品質基準などは共有することができないと考えた方がいい。数千円のバッグを製造する場合、大量仕入れによる安価な素材の調達や、高級バッグとは異なる品質基準を設定することになるからである。

このように既存事業と新規事業での共有が難しい状況を、クレイトン・クリステンセンの著書『The Innovator's Dilemma（邦題：イノベーションのジレンマ）』（1997年）における言及に基づき、構造を示したものが**図表11-1**である。既存事業を担っている部門は、既存事業

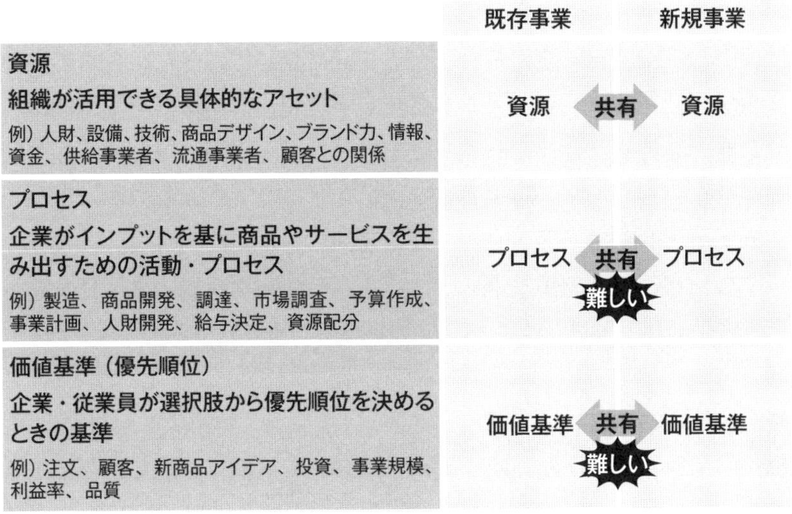

図表11-1　資源・プロセス・価値基準の共有
出所：『イノベーションのジレンマ』（クレイトン・クリステンセン）を参考に筆者作成

で培った「資源」「プロセス」「価値基準」で事業を成り立たせている。そこに新規事業を持ち込んだ際に不整合が発生し、サブスク事業を進めるに当たって課題が発生することがある。どのように不整合が発生するのか、順に解説する。

既存事業の人材、設備、技術などの「資源」は、比較的組織間での共有がしやすい。前述の高級バッグと廉価版のバッグの例でいえば、縫製技術や設備は、どちらのバッグにも活用できるだろう。一方で、価値の異なる商品を作る場合、「プロセス（素材の調達方法など）」や「価値基準（品質基準など）」の共有は難しい。商品の価値は、それを作る「資源」で決まるのではなく、それを作るプロセスや価値基準に大きく左右されるからだ。

プロセスや価値基準は、形式知・暗黙知を問わず優秀な会社ほど根付いており、容易に変えられない点を肝に銘じておきたい。ここでの優秀な会社とは、求めるアウトプットを再現性のある形で生み続けられる能力を持った会社である。この能力は既存事業の維持・成長には欠かせないものだが、新規事業では足かせになることもある。

「プロセス」と「価値基準」について、それぞれサブスク事業の立ち上げ時に発生しやすい「ギャップ」を掘り下げてみよう。

ギャップ①プロセス

サブスクの事業化に向けて業務プロセスを整備していく必要があるが、サブスクは、課金方法などの特定の業務プロセスだけでなく、各種業務プロセスを変更する必要がある。例えば耐久財の製造業であれば、物流部門は顧客が解約した後の中古品の返品、リファービッシュ（修理・再生）、在庫管理などのプロセスを新たに構築する必要がある。また、アフターサポート部門では、顧客の解約抑止、アップセル、クロスセルなどのマーケティングの業務を担うことにもなるだろう。

ただ、部門間をまたぐ業務プロセスの策定は容易ではない。例えば、今まで卸業者に販売していたものを顧客に直接サブスクとして提供する場合、受注、納期管理（在庫引き当て）、個別配送を連携させた業務プロセスが必要となる。営業、業務（需給）、物流といった部門をまたいだ新たな業務プロセスとなるため、「誰が何を検討すべきか」が曖昧になりやすい。この役割分担や機能要求が曖昧だと、部門間で「誰も拾わないボール」が頻発し、検討が遅延していくことになる。

ギャップ②価値基準

売り切りは販売時に全額売り上げとして計上できるが、サブスクは売上高が短期的に下がり、長期的に回収していくビジネスモデルのため、社内外の抵抗を招きやすい。

ここでは、既存部門の例として、社内の営業部門や、社外の代理店や販売店などの販売チャネルについて考えてみよう。これらの営業・販売部門では一般的に、部門や個人の業績評価指標として売上高が最も重要とされている。サブスクになると、彼らの評価指標である売上高は減少してしまう。自動車を例に考えると、売り切りでは販売時に一括で数百万円の売り上げが計上されていたものが、サブスクでは毎月数万円の売り上げしか計上されなくなり、数年かけて初めて売り切りと同等の売上高を獲得できるようになる。

このように、サブスクは売り切りと比べて短期的に売り上げが減少するため、評価指標が売上高のままでは、営業・販売部門が積極的にサブスクを展開する動機付けができない。サブスクの顧客数を増やすには、営業・販売部門の業務プロセスや評価指標にもメスを入れる必要があるが、これらの変更には大きな反発や抵抗が伴うだろう。

インタビューを行った製造業のサブスク事業担当者から聞いた話を紹介しよう。担当者は、サブスク用に適した機器の仕様に変更するために、開発部門へ相談したが、仕様変更に対して頑なに反対されたという。売り切り事業用に構築された設計思想（品質基準、保守性など）が、サブスクを前提とした設計思想と異なり、開発担当者と議論が噛み合わず衝突したとのことである。商品開発における価値基準の不一致といえるエピソードである。

11-2 成功策■既存事業との競合をマネジメントする

既存事業とサブスクの事業で資源・プロセス・価値基準に不整合が発生する際、その対処方法として、「自律的組織」で対応するアプローチと、「既存事業の組織」で対応するアプローチがある（**図表11-2**）。

その判断の目安は、サブスクと既存事業の価値基準の適合性が高ければ「既存事業の組織」で対応するのが好ましく、適合性が低ければ「自律的組織」で対応するのが好ましい。資材調達などのプロセスが異なっているだけなら、既存組織の中でプロセスを分けて運営することはできる。

一方で、品質基準や利益基準などの優先順位を決める価値基準が異

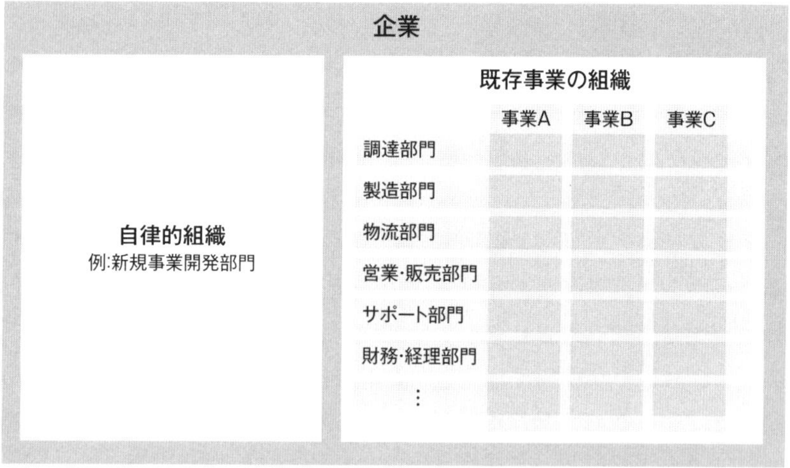

図表11-2　自律的組織と既存事業の組織
出所：筆者

なる場合は、自律的な組織で対応することが好ましい。とはいえ、自律的な組織での対応が望ましい場合であっても、読者が自律的組織での対応を意思決定できる立場にないケースも多いと思われるので、既存事業組織にて失敗を回避する具体的な方法も紹介する。

11-2-1 自律的組織で対応するアプローチ

既存事業組織とは異なる価値基準を持つ自律的な組織（いわゆる新規事業開発組織）でサブスク事業を立ち上げるケースである。小さな事業部のように機能し、一定の規模まで事業を成長させていくことになる。ここで気を付けたいのは、不相応に大きな組織規模でスタートし、過度な事業成果を求められないようにすることである。企業内であっても、ベンチャー企業のように、まずは事業規模に見合った小規模からスタートし、市場・ビジネス規模に応じて、組織を拡大していくことをお勧めする。

11-2-2 既存事業の組織で対応するアプローチ

次に、既存事業との競合を既存事業組織で対応していくアプローチについて、「①利害調整」「②推進体制」「③コミュニケーション」の観点で解説する。

既存事業の組織での対応①利害調整

既存事業との競合への対策として利害調整の観点から解説する。これは、サブスク事業を推進していくための評価や体制を整備することである。クルマの販売でいえば、従来の売り切りであれば、販売時に数百万円の売り上げが成果とされていたが、サブスクでは月数万円の売り上げが成果となってしまい、短期的には成果が目減りしてしまう。

そのため、営業担当者としては、目先の数百万円の売り上げの方が魅力的に見え、サブスクを売る動機がなくなってしまう。インタビューを行ったあるメーカーでは、営業の評価指標にサブスクの販売貢献も入っていたが、売り切りよりも顧客の発掘や提案に対する稼働負担が大きく、サブスク販売に注力しない状況に陥ってしまった。別の会社の例では、トップダウンで強制的に組織を動かしてサブスクを販売させたが、一過性に終わり、しばらくすると誰もサブスクを販売しなくなるような状況に陥ってしまった。

このように、人の行動を変えるには、表面的な評価指標の変更や一過性の行動変容への対処ではなく、担当者の日々の活動として定着するような評価体系の導入が必要である。また、インタビューを行った家庭用向けエネルギー設備を販売する会社では、営業担当に売り切りとサブスクのどちらを販売するか悩ませることなく、営業部門で担当者を分けて、それぞれ異なる評価指標を掲げて成功しているケースもある。このように両立が難しい場合は、担当を分けることも効果的な成功策である。

既存事業の組織での対応②推進体制

推進体制として、部門をまたいだ機能横断的なプロジェクト体制による「クロス・ファンクショナル・チームによる推進」と、企画チームの主導による「企画チームによる推進」のアプローチを解説する。それぞれのアプローチに一長一短があるので、その特徴を踏まえて適切なアプローチを選択することが必要である（**図表11-3**）。

クロス・ファンクショナル・チームによる推進は、市場性の確認など初期企画は企画担当者が中心になって進めることになる。その後、

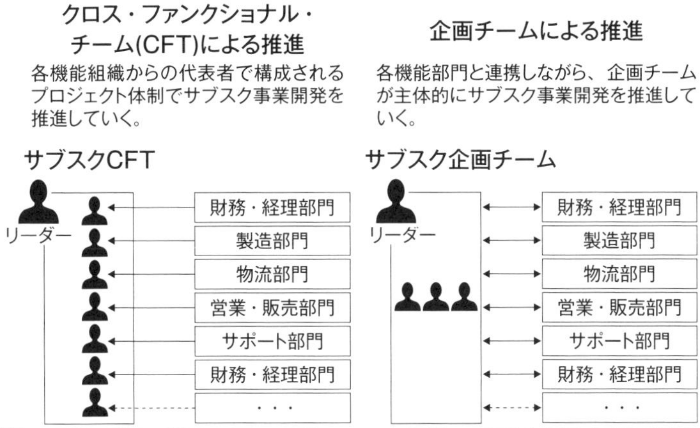

新規事業の理解	△：サブスク新規事業の理解が必要	○：サブスク新規事業の目線で検討ができる
新規事業の実現	△：既存事業のプロセスや価値基準にとらわれるリスク	○：新規事業のあるべき状態を反映しやすい
業務設計	○：業務理解者が対応可能	△：広範囲な業務理解が必要(人材確保が課題)
現場導入	○：各機能部門への導入を踏まえた検討が可能	△：納得感ある内容と導入への意識付けが必要

図表11-3　クロス・ファンクショナル・チームと企画チーム
出所：筆者

初期企画の承認に向けた会議（企画承認会議）が行われるタイミングで巻き込むべき部門を選定し、承認後にプロジェクト体制を発足させることが望ましい。プロジェクトメンバーが参加するミーティングを定期的に開き、進捗確認や認識合わせを行うことで、ボールの取りこぼしを最小限にとどめることができるだろう。クロス・ファンクショナル・チームのメンバーは、企画主体者と比べて、サブスク新規事業に対する理解や思い入れが及ばないこともある。また、既存事業のプロセスや価値基準にとらわれてしまい、新しい事業創出の妨げになることもある。チーム編成後は、これらのリスクも踏まえ、チームメンバーへの企画内容の理解促進と変革の意識付けが必要である。

企画チームの主導による推進は、一貫して企画チームメンバーが主体的に検討を進めていくことになる。そのため、チームメンバーのサブスク事業の考え方の意思統一や既存事業にとらわれないあるべき姿の追求もしやすい。一方、各機能部門との連携はしつつも、企画チームが主体的に新たなプロセスを構築していく必要がある。そのため、広範囲な業務理解が求められるが、もちろん1人ですべての業務を網羅することは難しいので、複数のチームメンバーでカバーできる状態にはしておきたい。

インタビューを行った製造業の企業では、会社として新規事業の企画メンバーになる人材を育成するため、2年程度のサイクルで様々な部門を経験させるような人事戦略をとっている。また、短期間で機能部門の基本業務をマスターし、サブスクの新しい業務プロセスを定義できるレベルに育成する取り組みなども行っている。

企画チーム主導の際には、どうしても企画サイドは他部門を“抵抗勢力”と捉えがちで、企画チームと機能部門で対立が起きやすい。この点については、次の「③コミュニケーション」にて詳細に解説する。

既存事業の組織での対応③コミュニケーション

既存事業との競合への対策として、コミュニケーションの観点で「自身の捉え方」「前提の共有」「感情への配慮」の3つのポイントにて解説する。

自身の捉え方

サブスク事業化を進める側は他部門との調整に際し、自分たちが"正義"で、抵抗する他部門の人たちを"変化を拒む抵抗勢力"と捉えてしまいがちだが、その考え方は見直す必要がある。そもそも人は変化を嫌うものである。行動経済学の観点からも「現状維持バイアス」や「損失回避性（プロスペクト理論）」など、変化を嫌うメカニズムが明らかになっており、「抵抗は人間の生理現象である」との前提に立つことが（自身のストレスマネジメントの観点からも）望ましい。

前提の共有

サブスク事業も含めて新規事業では、日々検討が進んでいくため、まとまった資料を残す機会が少ない。しかし、人が意見を形成するまでには、前提となる知識や情報が大きな影響を与える。例えば「サブスク検討は経営層のトップダウンの指示事項である」という情報を聞いているか否かによって、部門の意思決定は大きく異なるだろう。従って、他部門を巻き込む際には、極力相手の認識を自分と同じ前提にするために、以下の項目を資料として整理しておくことが望ましい。これらの項目を明確に整理しておくことは、その部門内で部下から上司への情報共有の際に誤解が生じないようにすることにもつながる。

- プロジェクトの目的やゴール、社内での位置付け
- サブスクとは何か（既存事業との違い）
- 検討のスコープ（取り組むこと/取り組まないこと）
- 想定される変化点（改善されること/懸念されること）
- 検討の進め方、実施期間と体制
- 意思決定のプロセス

感情への配慮

他部門への協力依頼時に、特に関係が構築できていない相手からはうまく意見を引き出せないことが多い。例えばサブスク事業への協力依頼について説明した後にコメントを求めても、そのタイミングでは明確な反対意見が出ないこともある。説明を受けた相手の視点に立つと、違和感や懸念があっても、自分の中でも明確に言語化できていないため発言しにくいという状況が往々にしてあるだろう（特にオンラインミーティングだとこの傾向が顕著）。しかし、この状態を放置すると、このわだかまりは反対意見として成長し、後になって「実はあの点が気になっていた」「そもそも取り組む必要性に納得していなかった」など、反発を受ける可能性がある。これを防ぐには、打ち合わせ後に個別に雑談ベースで話を聞きに行くなど、「ガス抜き」の時間を設けて相手の感情面のケアをすることが有効である。

また、他部門の担当者を顧客に直接会わせて企画の意義に対する納得感を高めることも有用な手段である。さらに、総論賛成、各論反対のような課題にも耳を傾けて、丁寧に解決していくことも重要である。新規事業を推進する人物は、熱い思いを持ちつつ謙虚でありたい。

11-3 理論的裏付けや事例
■KDDIの新規事業創出の3層構造組織

新規事業を進める組織の在り方について、KDDIの事例を紹介する。KDDIは「出島」と呼ばれる、既存事業とは切り離した自立組織を設けている。この戦略については、経団連が2018年11月に公開した「Society 5.0－ともに創造する未来－」の中でも、「既存組織がデジタル革新を成し遂げるとともに、新規事業の創出策として、意思決定や

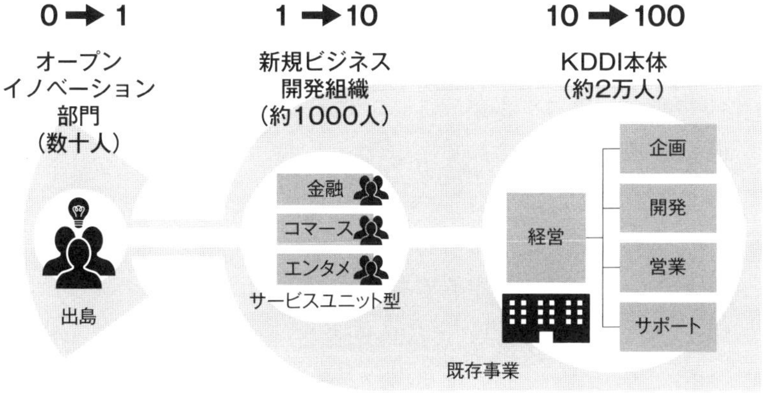

図表11-4　KDDIの新規事業創出の3層構造組織
出所：「Society 5.0実現に向けたベンチャー・エコシステムの進化」（一般社団法人日本経済団体連合会）を参考に筆者作成

評価制度を会社本体と切り離し、物理的にも距離を置いた異質な組織を出島のように立ち上げる方策が有効」と提言している。

KDDIの事例では、オープンイノベーション部門である出島で「0→1」を創出し、その事業を新規ビジネス開発組織で「1→10」に育成、最終的に本体につなぐ3層構造を構築し、事業創出に取り組んでいる（**図表11-4**）。

第11章のまとめ

- 既存事業とサブスク事業で、プロセスや価値基準に不整合がある場合に既存事業との競合が発生する。

- 既存事業とサブスク事業で価値基準が異なる場合、自律的な組織での事業の立ち上げが効果的である。

- 既存事業の組織で立ち上げる場合、利害調整、推進体制、コミュニケーションに配慮してプロジェクトを推進する。

- 利害調整では、表面的な評価指標の変更や一過性の行動変容の対処ではなく、担当者の行動が継続的に変わるに十分な評価体系の導入が必要である。

- 推進体制では、部門をまたいだ機能横断的なプロジェクト体制による「クロス・ファンクショナル・チームによる推進」と企画チームの主導による「企画チームによる推進」があり、それぞれの特徴を踏まえて適切なアプローチを選択することが必要である。

- コミュニケーションでは、自分たちが“正義”で、抵抗する他部門の人たちを“変化を拒む抵抗勢力”と捉えてしまうのではなく、謙虚に相手の立場を理解しつつ、真摯に対応する。

第12章　失敗要因⑦収益性を軽視している

12-1 失敗の構造■事業として捉えていない

失敗要因⑦として「収益性を軽視している」が挙げられる。その失敗の構造を探っていこう。売り切りからサブスクへの変更は、単なる課金体系の変更やプロダクト開発・サービス開発ではなく、「新規事業開発」として捉えなければいけない。失敗するサブスクは「事業」としての観点が抜け落ちており、さらに売り切りとサブスクの違いを理解していないため、あるべきKGI（Key Goal Indicator；重要目標達成指標）・KPIの設定ができていない。以下、3つの観点で深掘りして見ていきたい。

サブスクを「事業」として捉えていない

サブスクはサービス開発やシステム開発などに初期投資が伴うため、それを回収するために、どのように収益を最大化し、コストを削減するかというビジネスモデル設計が必要だ。これがない場合、テストマーケティングやPoC※を繰り返すだけで事業につながらない、いわゆる「PoC死」に至ってしまう。サブスクも既存事業と同じように、もうかる事業にするための設計が必要になるが、この視点が抜け落ちてしまうのだ。

※PoC（Proof of Concept：概念実証）とは、新たなアイデアやコンセプトの実現可能性や、それによって得られる効果などについて検証することを指す。例えば新規性の高いビジネスを立ち上げる際は、机上の議論のみで実現可能性や効果を判断するのは困難なので、小規模な試作品を用いて検証を行うことにより、判断の精度を高めることが可能となる。

また、サブスク事業を検討している方にインタビューしていると、サブスク、リカーリング、シェア、レンタル、リース、割賦販売の違いを正しく理解していないと感じることがある。サブスクは経営課題を解決し、経営目標を達成するための手段の一つであるが、サブスクの特性を正しく理解できなければ、その手段、つまり武器をうまく使えずに戦場に出ることになる。

利益から逆算したKPI設計ができていない

利益を最大化するための売り上げ・費用面の双方へのテコ入れが必要である。何よりも、売り切りとサブスクでは事業のゴールや事業成長の指標が明らかに異なるが、そこを理解していない場合が多い。売り切りは「商品の販売」をゴールに設定しているため、「商品販売数」が指標となる。一方、サブスクのゴールは「顧客との継続的な関係構築」である。そのため、指標も「顧客」と「継続期間」に因数分解できる。

利益を最大化させるにはどのパラメーターを見なければいけないのか、細かく設計する必要があるが、あくまで「継続率」や「顧客満足度」は、サブスク事業で見るべきKPIの一部でしかない。正しく言うと、最重要KPIである「サブスク事業利益」を達成するための１つのパラメーターである。見るべきKPIは他にもあり、それ以外のKPIも洗い出さなければいけないし、KPI同士の関係も考えなければいけない。

しかし、「売り切り」を生業にしている企業は、売り切りとサブスクの事業特性を理解していない、あるいは理解していたとしても経験がないため、サブスク固有のKPI設計を行うことができない。また、サブスクはKPI設定だけでなく、KPI管理の仕方も売り切りとは異なるが、そのような認識がなくサブスク事業を展開している企業が多いように感じる。

なお、テストマーケティング・PoCを行う際も、何をテストするのか明らかにした上で、事業としての撤退条件を定める必要がある。例えば、定めた顧客に問題はないのか？　プランは？　プライシングは？　物流体制は？　在庫管理は？　決済は？と、思いつくだけでも数百の観点が出てくるが、このような観点が抜け落ちたままテストマーケティングやPoCを進め、事業化後に苦戦している事例も多く見受けられる。

管理会計の視点がない

管理会計で意思決定をするというスタンスがないために失敗している。あるべき姿として、例えば最重要KPIを「サブスク事業利益（特に限界利益に着目）」に設定し、固定費・変動費を算出して損益分岐を計算したうえで、スケールさせていくパラメーター（例えば顧客数×継続期間×単価）を設定する。その際の楽観・悲観・標準モデルを設計し、事業特性にもよるが単年黒字は3年以内、投資回収期間は5年以内となるように設計することが望ましい。しかし、そのような設計ができていないことが多い。

12-2 成功策■事業収益性を明らかにして仕組みを整える

失敗要因が明らかになったところで、成功するための４つの対応策（「事業計画の立案」「サブスク事業特有の利益方程式の策定」「検証項目の策定」「運営体制の構築」）を提示する。

対応策①事業計画の立案

サブスクは事業である以上、事業推進者は事業計画を立案し、上申や役員会議決裁を通すことになる。当然ながらその前に、定めたサービスが市場にフィットするのか、競争優位性はあるのかなどを見る必要がある。サブスクの場合のポイントを以下に示す。

- ニーズ＆市場／競合動向の調査分析
- サブスク化による短期的な減収のインパクト試算
- 製品の取り扱い（所有権移転、自社資産としての管理方法など）
- サービスメニューが扱う範囲と契約・利用規約
- 定款の変更要否
- 社内の会計基準との調整
- 取引先への説明・調整
- グループ会社間との役割分担・業務分担

ここで、インタビューを行ったB2Bプリンターサブスクの担当者の声を紹介する。

「新規事業の事業計画立案において最も重要なポイントは、売上高だ。コストは導入後も削減の余地がある。ただし、売上額ではなく、ユーザー数と１社当たりの価格に分解する必要がある。ユーザー数が多くても、価格が想定を下回れば事業として成り立たない。例えば、1社当たり2万円の売り上げと想定していたものが1.4万円になっていたら、ユーザー数が増えても事業としてアウトだ。価格とユーザーの数が想定通りなのか、当初の仮説が合っているのかを検証することが重要だ」

価格とユーザー数のバランスが重要であり、仮説通りにいかない場合は、どこをどのように軌道修正するのか、改善サイクルや改善施策を事前に決めておく必要がある。

対応策②サブスク事業特有の利益方程式の策定

ビジネスモデルの違いにより、サブスクは売り切りと異なるKPIが求められる。しかし、営利企業である以上、事業として収益や利益を獲得し、再投資しなければ成長できないという点は共通している。従って、「継続率」や「顧客満足度」という部分的な指標ではなく、「利益額」や「ARR（Annual Recurring Revenue：年次定期収益）/MRR（Monthly Recurring Revenue：月次定期収益）」「LTV（Life Time Value：顧客生涯価値）」などの収益・利益をKPIとして設定すべきである。

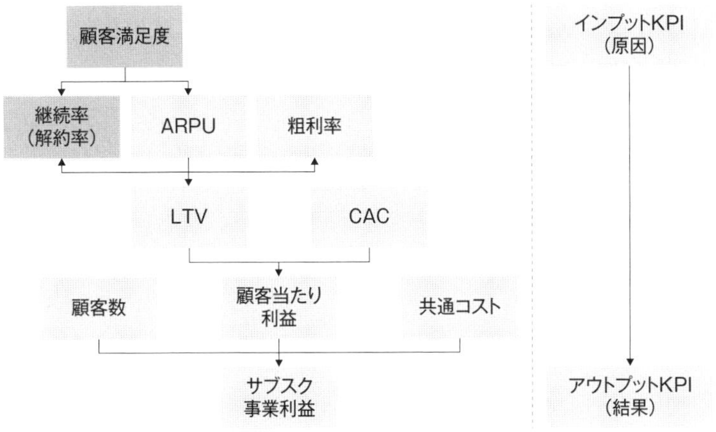

図表12-1　サブスク事業におけるKPIのつながり
出所：筆者

サブスク事業利益 ＝ 顧客数 × **①顧客当たり利益** － 共通コスト（管理費、事業開発費など）

①顧客当たり利益（ユニットエコノミクス） ＝ **②LTV** － **③CAC**

$$\textbf{②LTV}\text{（Life Time Value：顧客生涯価値）} = \frac{\textbf{④ARPU} \times \text{粗利率}}{\text{月次解約率}}$$

$$\textbf{④ARPU}\text{（Average Revenue Per User：1顧客当たりの平均月次収益）} = \frac{\text{MRR（月次の総収益）}}{\text{顧客数}}$$

$$\textbf{③CAC}\text{（Customer Acquisition Cost：顧客獲得コスト）} = \frac{\text{顧客獲得にかかる費用合計}}{\text{顧客数}}$$

図表12-2　サブスク事業の各KPI
出所：筆者

図表12-1に、サブスク事業における各KPIのつながりを示した。上がインプットKPI（原因）で、下に行くにつれてアウトプットKPI（結果）という関係になっている。各KPIの説明は後述するが、「継続率」や「顧客満足度」はサブスク事業の一部しかカバーできていないことを読み取ってほしい。

図表12-1の各KPIを説明する（**図表12-2**）。サブスク事業では分析の指標が「商品の販売数」ではなく「顧客数」になる。従ってサブスク事業の事業利益は、顧客数で分解し、「顧客数×①顧客当たり利益－共通コスト」と表すことができる。

① 顧客当たり利益（ユニットエコノミクス）

顧客ごとの収益性を表す指標。顧客とは、B2Cの場合は消費者1人を、B2Bの場合は利用者（人）ではなく企業1社を指す。顧客当たり利益は、②LTV－③CACで表すことができる。

② LTV（Life Time Value：顧客生涯価値）

顧客から生涯にわたって得られる利益。サブスク事業では、顧客が継続利用することが前提となるため、「1顧客から得られる月次利益×平均継続期間」となる。「月次利益」とは、ARPU（Average Revenue Per User：1顧客当たりの平均月次収益）に粗利率を乗じて算出する。ソフトウエアなどのデジタル系のサブスクでは、モノがないため1顧客ごとの原価が存在しないことが多いが、モノ系のサブスクでは1顧客ごとに原価が発生するため、粗利率を乗じる必要がある。「平均継続期間」とは、実務上は顧客が解約するまで継続期間は算出できないため、平均継続期間の算出は難しい。数学的な証明は割愛するが、平均継続期間は「1÷月次解約率」として表すことができるため、解約率を計算に用いる。これらから、LTVは「ARPU（1顧客当たりの平均月次収益）×粗利率÷月次解約率」と表される。

③ CAC（Customer Acquisition Cost：顧客獲得コスト）

1顧客の獲得にかかるコスト。B2Cは広告宣伝費などのマーケティングコストが主だが、B2Bの場合は成約までに営業活動が必要となるため、営業人件費も含めて算出する必要がある。従って、CACは「顧客獲得にかかる費用合計÷顧客数」と表される。

数値イメージをつかむための参考として、以下に数値例を示す。

顧客数＝1000人
MRR＝600万円/月
粗利率＝40%
月次解約率＝30%
顧客獲得費＝300万円/月

とすると、

④ARPU（MRR/顧客数）＝6000円/人・月
③CAC（顧客獲得費/顧客数）＝3000円/人
②LTV（ARPU×粗利率/月次解約率）＝8000円/人
①顧客当たり利益（LTV－CAC）＝5000円/人
LTV/CAC＝2.7倍

のようになる。

この例では月次解約率が高い消費財を想定しているが、数値はシミュレーション上のもので、実在の業種とは関連しない。

顧客当たり利益（ユニットエコノミクス）を考えるうえで重要なのが、LTVとCACの関係である。最低限、「顧客当たり利益＞0」、すなわち「LTV＞CAC」となっていなければ、そのサブスクは事業として成立しない。

事業拡大のためには、マーケティング投資や、顧客の解約防止・ロイヤルティー向上に向けた継続的なサービス改善が必要となる。サブスク事業の成功に向けた「利益方程式」を**図表12-3**に示す。この式は、

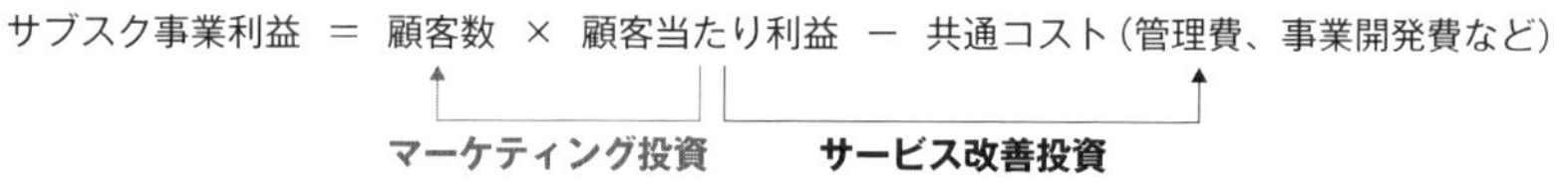

図表12-3　サブスク事業の利益方程式
出所：筆者

顧客当たり利益（LTV－CAC）を原資として、顧客数増加のためのマーケティング投資や、サービス改善投資に再投資することが重要であることを示している。

デジタル系サブスクの一つであるSaaS（Software as a Service）では、以下が健全な水準といわれている。

LTV/CAC＞3x（LTVがCACの３倍以上）

ビジネスモデルにより望ましい倍率に差はあるが、事業成長のためには顧客当たり利益がドライバーとなることを示している。

売り切りでは販売時点で収益や利益が確定するが、サブスクは、顧客獲得時に発生するコストを長期的に回収していくモデルである。特に耐久消費財など、平均継続期間が数年にわたる商材の場合は、将来的に得られる顧客当たり利益（LTV－CAC）を原資とした先行投資が必要となる。社内の経営層やスタッフ部門に向けては、売り切りとの財務モデルの違いを踏まえて、投資の妥当性を説明する必要があるだろう。

また、KPI管理においては何を管理するかに加えて、いつ・どのように管理するかも重要である。詳しくは次章で説明するが、サブスク事業では継続的な改善が必要になるため、KPIは月１回ではなく、週次や日次で管理し、継続的なPDCAサイクルを回すことが望ましい。

対応策③検証項目の策定

サブスクが他の新規事業と違うのは、サービスをリリースした後も常に改善をし続けなければいけないことだ。特に短期的な減収を伴うため、早期黒字化に向け常に検証サイクルを回していかなければいけない。そのときに特に見るべき検証項目は以下の通りである。

●収益性
●顧客価値（含む価格）
●製品＆サービス
●オペレーション
●知財・品質保証
●法務・規制

対応策④運営体制の構築

運営体制として、早期に検討すべきは以下の項目である。

●アーリーアダプターの選定
●サービス追加ルールの策定
●サービス削除ルールの策定
●受注契約方法の検討

特にサブスクというサービス形態は永遠のβ版となる側面が強いため、サービスの追加や削除が付きものであり、その際のルールや、それに伴う契約周りも法務部や顧問弁護士と一緒に固める必要がある。例えば中古車のサブスクを考えた場合、古物商登録が必要であるが、どの自治体に書類を提出し登録するのか、そのリードタイムはどれぐらいかなども検討しなければならない。

12-3 理論的裏付けや事例
■投資価値を判断する5つのポイント

昨今、サブスク市場は活況を呈しているが、そのような状況下で投資家たちが投資判断をする際に注目する指標がある。自社のサブスク事業に照らし合わせた際に、以下を注視しているか今一度見ていただきたい。

投資価値の判断ポイント①解約率

サブスクにおける肝は顧客に継続的に価値を提供し、満足度を高め、その見返りに対価を頂くということである。もし価値の提供が限定的で、ニーズを捉えたサービスを提供できていない場合、解約されるリスクがある。解約率が上昇している場合、顧客獲得を進めても「穴の開いたバケツに水を注ぐ」状態となり、思うように収益を獲得できない。そのため、解約率抑止はいの一番に手をつけなければいけない。

また、サブスクはシステム開発投資やマーケティングコストがかさみ、売り切りと比べて一発で売り上げが計上されないため、**図12-4**に示した「サブスクの魚」が現れる。解約を抑止しなければ大赤字となり、胴体の長い「サブスクの魚」となってしまう。

投資価値の判断ポイント②顧客獲得コスト

いくら市場に顧客がいたとしても、顧客獲得コストが高い場合は立ち止まるべきである。例えば、もしあなたが自動車メーカーの新規事業責任者でサブスクを展開しようと考えたとする。その際、既に競合他社が超短期ユーザー（妊婦のいる家庭・単身赴任者・要介護従事者など）に的を絞ったプランを提供しているものとする。この超短期

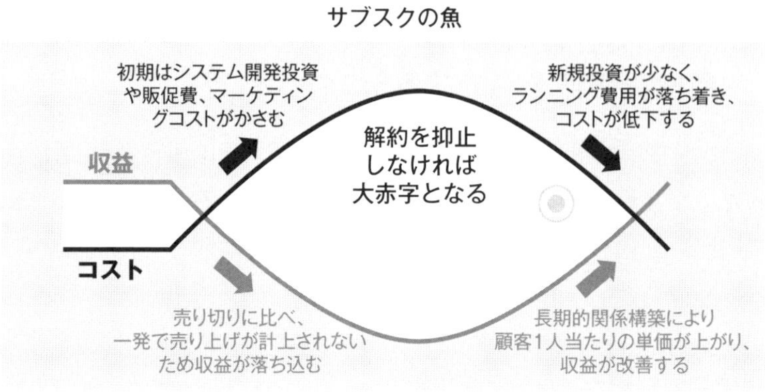

図表12-4 「サブスクの魚」
出所：筆者

ユーザーは市場に一定数いるが、ターゲットとして彼ら彼女らを狙うのは得策ではない。なぜなら、既に他社が先行してそのターゲット層に向けたサブスクを展開しており、それを上回るだけのプロモーションを展開しようとすると、顧客獲得コストが高くなるためである。

投資価値の判断ポイント③初期投資回収期間

「サブスクの魚」でも述べたが、売り切りに比べて初期投資回収期間は長くなる。5年で回収できれば良い方だが、そうもいかない。これはサブスクに限った話ではなく、初期投資が必要な新規事業には付きものである。いかに一日でも早く投資回収するか、新規事業開発プロセスと同様のプロセスを踏まなければならない。

投資価値の判断ポイント④会社全体で顧客満足度向上の施策ができるか

日本企業に多いのがシーズ（技術・機能）起点である。シーズはあるが、ニーズとマッチしているか不明ということである。これは危険だ。上層部も、顧客ニーズが明確ではなく、顧客ニーズのエビデンスもなく、投資期間が長いものに対して、なかなかGoサインは出さないだろう。ニーズを捉え、顧客満足度を上げるための施策を展開し続けなければいけない。

投資価値の判断ポイント⑤顧客単価を上げることができるか

解約率抑止にもつながるが、クロスセルやアップセルなど多くの選択肢を用意することは大切である。また、先に説明した自動車のサブスクのターゲットであった超短期ユーザーの中にも、契約期間中に「サービスをやめたい」という声もあるだろう。それに対して、休止プランやダウンセルも用意することで、長期的に使い続けたいと思えるサービスを設計しなければいけない。

第12章のまとめ

- サブスクは事業である。読者が普段携わっている事業と変わりはない。

- 事業として利益を追求し、利益を因数分解し、KPIを設定する。

- 定めたKPI通りにいかない場合の改善プランを先行して準備し、改善の仕組みを整えておかなければいけない。

- 「目指すべきビジネスモデルが明確になっているか」「それを実現するために必要なプロセスが明確か」「それを行うために必要なリソースがあるか」について、自問自答するとよい。

第13章 失敗要因⑧運用設計に盲点がある

13-1 失敗の構造
■データを基にサービス設計・改善ができていない

失敗要因⑧として「運用設計に盲点がある」が挙げられる。その失敗の構造を探っていこう。サブスク事業の収益を簡略化して示すと、「収益＝①顧客×②単価（ARPU）÷③解約率」である。①顧客数を増やすためにはマーケティング施策が、②単価を増やすためにはアップセルやクロスセルの提案が、③解約率を下げるためには解約抑止策が、それぞれ必要となる。これらの施策には唯一絶対の解はなく、継続的にPDCAを回しながら効果の高い施策を見極めていく必要がある。失敗するサブスクは、継続的にPDCAを回しながらサービス改善するという仕組みができていない。

それはなぜか。売り切りの場合、そもそも「解約」という概念がなく、卸や小売りが間に入るためユーザーの利用状況や顧客ごとの課題が分からない。そのため、手を打とうにも打つことができないのである。サブスクは、「売り切りビジネスのDX（デジタルトランスフォーメーション）化による変革」と置き換えることもできる。つまり、DXを背景として顧客接点や顧客IDにひも付く顧客行動データを活用し続けなければいけないのである。

卸・小売りや商社・代理店などが間に入ると、メーカーはマス型のマーケティングに頼らざるを得ない。一方、顧客に直接価値を伝達するサブスクはマイクロ型のマーケティングとなる。10年前からバズワードとして登場しているデジタルマーケティングやデータマーケティングの世界である。

例えば、大手オンライン旅行サイトはコンバージョン（成約率）を0.001％でも上げるために、「日々、何百件、何千件」の頻度でA/Bテストを行っている。ボタンやプライスタグなどの色・フォントを一つひとつ変えて何回もテストを繰り返すと、幾多の組み合わせの中から“勝ちパターン”が見えて、最適化されていく。思い込みではなく、思いついたものをテストしてデータを検証することがデジタルマーケティングにおいて重要であり、この思想や仕組みをサブスクにも活用しなければいけない。

もともとメーカーは売り切り事業として、販売数増加のためのプロモーションに主眼を置いていた。サブスクになると、継続利用のためのサービス改善や、「個」客に合わせたマーケティングが絶対的に必要になるのである。

例えばデジタルマーケティング領域に強いメーカーとして、化粧品メーカーや健康食品メーカーなどが挙げられる。彼らはメーカーでありながら、トリプルメディア※を駆使し、いち早くデジタルマーケティングの強化にかじを切っている。一方、B2BのメーカーやECに不慣れなメーカーは自社内にスキルを持った人間もおらず、ナレッジやデータマネジメントの仕組みもないため、PDCAを回せずにいるのである。ここでは、特に着目すべき失敗の要因を3つ挙げる。

※トリプルメディアとは、マーケティング活動において消費者が接触するメディアを、「ペイドメディア（企業が広告費を支払って出稿する広告）」「オウンドメディア（自社で運営するメディア）」「アーンドメディア（消費者が起点となるメディア、SNS）」の3種類に分類・整理するフレームワークを指す。

失敗要因①マーケティングファネル別の施策が展開できていない

潜在顧客が100人いたとしても、100人全員がサブスクに申し込むわけではない。潜在顧客を熱量の高い見込み顧客に押し上げ、トリプルメディアやリアルを含めたオムニチャネルによる顧客接点を軸にマーケティングファネル※を通過させ、既存顧客から継続顧客にしていく必要がある。当然ながら、ファネルごとに採るべきマーケティング施策も異なる。また、MA（Marketing Automation）・SFA（Sales Force Automation）・CRM（Customer Relationship Management）といったシステムを駆使しなければ、コンバージョンやLTVを定量的に把握して改善施策につなげることはできない。サブスクで重要なKPIの一つである「顧客数」最大化のためには、新規顧客はもちろんのこと、既存顧客に向けた継続利用促進策も必要になる。

※マーケティングファネルとは、認知から購入までの購買行動をフェーズ化したもの。AIDMA（認知・注意→興味・関心→欲求→記憶→購入）やAISAS（認知・注意→興味・関心→検索→行動→情報共有）などの類型がある。

失敗要因②アップセル・クロスセルの仕組みがない

失敗要因①が「顧客数」だったのに対し、失敗要因②は「単価」の観点である。顧客データを分析し、利用頻度が高いなどロイヤルティーの高い顧客を判定できれば、上位プランへのアップセルや付帯サービスへのクロスセルを提案することで、顧客単価を上げることが可能である。売り切りでは、顧客との接点やそのデータを握っているのは卸・小売りであることが多いが、サブスクでは、自社でデータを利活用していかなければならない。データは集めるだけでは不十分で、データ利活用のためのアルゴリズム開発やデータサイエンティストの採用・評価など、仕組み面の整備も必要となる。

失敗要因③問い合わせオペレーションがカスタマーサポート領域のまま

サブスクはサービスをアップデートし続け、永続的に顧客にメリットを提供することで、その対価として収益が成り立つモデルである。サブスクにおける販売後の顧客接点は、従来の「守り」のカスタマーサポートではなく、「攻め」のカスタマーサクセスに移行すべきである。カスタマーサクセスとは、販売後も顧客への継続的なアプローチを行い、顧客が商品を使って期待する成果を上げるまで積極的に関与する活動のことだ。カスタマーサクセスにより、企業は顧客満足度を高めることができ、結果として解約率の抑制やLTV向上を図ることができる。言い換えると、カスタマーサポートのままでは、既存顧客の流出に歯止めがかからないモデルとなってしまう。

13-2 成功策
■マーケティング・ソリューション営業の仕組みを構築

失敗要因が明らかになったところで、成功のための対応策を３つ（「マーケティングファネル別施策の立案」「アップセル・クロスセルの仕組み構築」「カスタマーサクセス体制の整備」）示す。

対応策①マーケティングファネル別施策立案

大前提として、データを基に科学的に判断し、数値的根拠を持って改善計画を立案し実行するという姿勢が必要である。「認知・理解・比較検討・契約・継続利用」など、サブスクのユーザーが経由するファネルごとに必要な施策や、必要な顧客接点の洗い出しが必要となる。参考になるのは、ノースウェスタン大学ケロッグ経営大学院のマーク・ジェフリー教授による『Data-Driven Marketing（邦題：データ・ドリブン・マーケティング――最低限知っておくべき15の指標）』（2010年）である。特に「個」客に向けたOne to Oneのデータマーケティングには、以下、10の要素が必要となる。

(1) 細かなセグメンテーション
(2) クロスチャネルのカスタマージャーニー設計PDCA
(3) 継続的なA/Bテストによる勝ちパターンの抽出
(4) 広告入札最適化PDCA
(5) コンバージョン率(CVR)の低い動線からの脱却
(6) サイト内行動に基づいたオファー
(7) 比較検討させないサイト遷移
(8) コンバージョン率(CVR)の高い申し込みフォームへの展開
(9) 2Stepマーケティング
(10) 7つの指標で徹底管理

マーケティングファネル別施策を実現するための体制として、どの業務プロセスに注力するかも重要となる。例えばサブスクサービス申し込み用のWebサイトの構築・運用について、特にメーカーの場合は外部に委託している場合が多いが、Webサイトの作り方によって顧客のクリック率が変わる可能性が高い。委託先に運用を任せていると、サイトの一部を修正するだけでも数週間かかることもあることから、A/BテストなどのPDCAを即時に回すために、Webサイトを自社運用に切り替えている事例がある。

対応策②アップセル・クロスセルの仕組み構築

ユーザーの利用データ・行動データなどを基に分析し、上位プランへのアップセルや他商材とのクロスセルにつなげる必要がある。例えば、NetflixやAmazon.comはAIを使って、顧客の好みに合った商品やコンテンツがレコメンドされる。うまくできているのは、新作映画や人気ドラマをAmazon Primeで観たいと思ったとき、そのコンテンツは月額定額の対象外になっていることだ。そのコンテンツを視聴するためには購入するか、1回当たりのレンタル費用などを支払わないといけないのだが、TSUTAYAなどのレンタル料金に比べても高く設定してある。サブスクと同一のプラットフォームで提供しつつ、新作などの人気コンテンツは定額対象外とすることで、シームレスにサブスク以外の商材とのクロスセルを促す仕組みを作り上げているのだ。

favyが運営する完全会員・予約制の肉料理レストラン「29ON（ニクオン）」もクロスセルにたけている。年間1万4000円を支払って通常会員になれば、一般のレストランでは1万円するであろうコースを毎回5000円で食べられる。お肉好きな人なら分かるだろうが、お肉に合う赤ワインはコースで出されるような軽い味のハウスワインではなく、オーパスワンやラフィットのような果実味のある重いワインである。当然ながら、そのワインはコース料金には入っていない。うまく顧客インサイトを捉え、クロスセルを充実させている事例といえる。

対応策③カスタマーサクセス体制の整備

コールセンターは、売り切りの考え方だと収益につながらないコストセンターと見なされていることから、コスト効率を高めるために、既存商材と共用のコールセンターを設置することも多い。一方サブスクでは、コールセンターは解約抑止やサービス改善に向けた「顧客の声」を拾う重要な部門になるため、専用のコールセンターを設置する事例もある。実務上は、サブスクサービスのリリース時にはリソースも限られることから、リリース時には外部リソースを使いながらサービス化し、リリース後に自社の競争優位性につながる業務を内製化するという考え方が有用といえるだろう。

いわゆる「カスタマーサポート」から「カスタマーサクセス」であ

る。売り切りの場合は、導入後に顧客が利用していなくても企業としては問題なかったが、サブスクでは、顧客が利用しないと解約されてしまう。企業が顧客と永続的な関係を築くためには、受動的なカスタマーサポートではなく、企業から積極的にユーザーに働きかけるカスタマーサクセスが必要となる。

特にB2Bの場合は、関係するステークホルダーも多く、検討プロセスも長いため、カスタマーサクセスの役割はより一層重要となる。支援窓口やサブスク導入・運用時の体制の説明、費用対効果、業務課題の把握やそれに対応するコンサルティング・改善提案など、契約からサービス導入、アフターフォローや契約更新に至るまで一貫したサポートが求められるのだ。そのため、カスタマーサクセスのファネルを設計し、ファネルごとに必要な施策とそこにかかるリソースを明確にすることが重要だ。

13-3 理論的裏付けや事例

■コトラーの『マーケティング4.0』

『Marketing 4.0: Moving from Traditional to Digital（邦題：コトラーのマーケティング4.0　スマートフォン時代の究極法則）』は近代マーケティングの父と称されることも多い、ノースウェスタン大学ケロッグ経営大学院のフィリップ・コトラー教授らによる著書である（**図表13-1**）。従来の「AIDA」や「AIDMA」のようなカスタマージャーニーのフレームワークに対して、「5A」というデジタル時代のカスタマージャーニーを提案している点、そして伝統的なマーケティング技法にデジタルマーケティングの統合を提案している点が非常に興味深い。

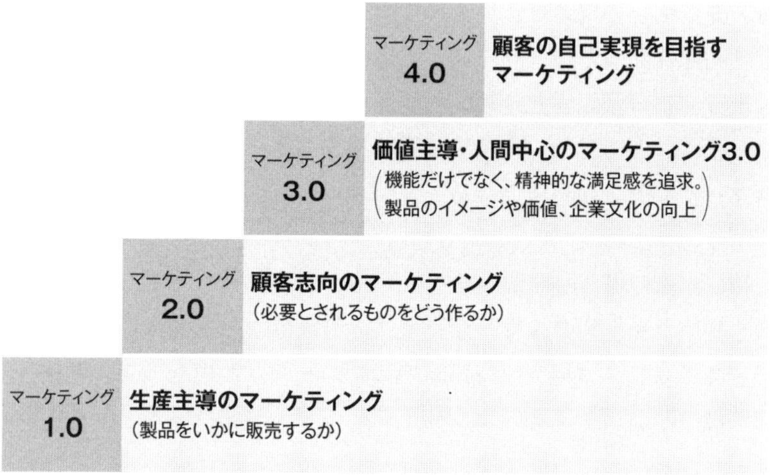

図表13-1　マーケティング4.0
出所：筆者。図中のテキストは『コトラーのマーケティング4.0 スマートフォン時代の究極法則』（フィリップ・コトラー他）から引用

スマホの民主化が起こり1億2000万人総メディア時代になった今、「マーケティング4.0」を推し進めるために必要なのはデータである。「顧客の自己実現」といっても、利用情報や行動情報、決済情報など顧客情報がなければ雲をつかむようなことになりかねない。つまり、数値を基に科学的にアプローチする姿勢が大切なのである。元ユニバーサルスタジオジャパンのCMO森岡毅氏らによる『確率思考の戦略論 USJでも実証された数学マーケティングの力』（2016年）の中でも、データの重要性、データを基にしたOne to Oneマーケティングの重要性について語っている。データを基に、潜在顧客を顕在顧客にし、見込み顧客に育成し、熱狂顧客にしていく。当然ながら、そのためにはMA・SFA・CRMなど各種ツールも整備されている必要がある。

第13章のまとめ

- 自社のサブスクが顧客に選ばれ続けるためには、データを基にニーズや課題を捉え、常にサービスを改善・アップデートし続けなければいけない。データ利活用によりアップセル・クロスセルも生まれやすくなる。

- また、思い込みではなく、思いついたものをテストしてデータを検証するデジタルマーケティングのように、データを軸にしたPDCAサイクルを回す必要がある。

- その際、マーケティングファネル別にどのような施策を展開し、検証していくか整理しなければならない。

- ただし、データを利活用するためのアルゴリズム開発やデータサイエンティストの採用・評価など、仕組み面の整備も忘れてはいけない。

- また、サブスクにおける販売後の顧客接点は、従来の「守り」のカスタマーサポートではなく、「攻め」のカスタマーサクセスに移行する必要がある。

第14章　失敗要因⑨ 進化モデルの視点がない

14-1 失敗の構造■サービスの磨き上げができていない

失敗要因⑨として「進化モデルの視点がない」が挙げられる。その失敗の構造を探っていこう。サブスクは一般的な新規事業と違い、リリース後の磨き上げ、プロダクトやサービスのアップデートが必要になる。一般的な新規事業はプロダクトやサービスのローンチがある種のゴールになるが、サブスクにとってそこは通過点であり、プロダクトやサービスとしての完成は存在しない。顧客に価値を提供し続け、飽きさせないように、離脱させないように、提供プランや提供価格を見直していかなければならない。日本のモノづくり企業が得意としていた「改善」がより一層求められる。第13章がマーケティングの4Pでいうところの「Promotion」「Place」とするならば、第14章は「Product」「Price」の領域となる。

話はやや異なるが、なぜ東京ディズニーリゾートはあれだけ人を魅了するのだろうか。それは毎回行くたびに新たな感動を得られるからだろう。来場者をゲストと位置付け、アトラクションが新設され続け、ショーやグッズも新しいものが次々に投入されている。パーク内で出会うキャストやフードのレベルも高まり続けている。つまり、顧客を飽きさせないために、東京ディズニーランドや東京ディズニーシーというプロダクトそのものをアップデートし続けているのである。まさに、終わりなき永遠のβ版である。

海外のディズニーリゾートでは2013年ごろから「マジックバンド」というICチップが内蔵されたシリコン製のリストバンドが導入され、これ一つで、入場からパーク内での購入、ホテルのチェックインまでできてしまう。これはまさに顧客情報や行動情報、決済情報、パークチケット情報、ファストパス情報、ホテル宿泊情報、レストラン予約情報を基に、その人に向けた体験価値を向上させている。昨今のバズワードでいえば「CX(Customer Experience：顧客体験価値)」である。

データを基にProductだけでなくPriceも変える事例でいえば、航空業界やオンライン旅行サイト業界に代表されるダイナミックプライシングがある。需給バランスを基に価格設計を毎日、毎時、毎分、毎秒行っているが、こちらも単純な売り切りとは違い、データを基にサービスをアップデートしている。まさに、こちらも永遠のβ版である。

ポイントはデータ活用によるプロダクトやサービスの磨き上げである。日本のサブスク事例でいえば、ブランドバッグの定額制サービス「ラクサス」がある。マジックバンド同様、ICタグが埋め込まれていて、シャネルやルイヴィトンなどのブランドのバッグを利用している人が、どのブランドのお店にいるのか瞬時に分かり、行動情報を基にレコメンドを行っている。ユーザーにわざわざ検索させたり、探させたり、動かしたりという「手間」から解放しているわけだ。

一方、前章でも伝えた通り、卸・小売りにデータを取られ、多くのデータマネジメントが苦手なメーカーやB2B企業は、このような領域に疎い傾向があり、かつ情報システム部門と事業部門や営業部門、マーケティング部門が縦割りで分断されているため連携が図れていない。データを扱うことに不慣れで、売り切りに慣れてしまっているため、永遠のβ版というサブスクの考え方をうまく取り入れることができない傾向にある。

以下、さらに3つの観点で深掘りして見ていきたい。

事業モデルに対する理解が不足

サブスクは販売時に利益が確定するモデルではなく、継続的に利益を獲得するモデルである。継続的に利益を獲得するには、顧客の利用実態を把握する必要がある。そのためには後述するデータ活用が必須となる。データ活用には、データを取得し、データを整備・クレンジングし、サービスに生かす「攻め」と、個人情報保護法に代表されるような情報管理の「守り」の体制を整えておく必要がある。注目すべきは、ユーザーが何に満足しているかよりも、何に不満を持っているのかである。サブスクで見るべき重要な指標の一つが「解約率」であり、正しく解約理由を把握するためにデータ活用は欠かせない。

データの取り扱いが不明瞭

データ活用については、2つのレベルを用意する必要がある。1つは、ユーザーの利用頻度を分析し、上位プランへのアップセルや下位プランへのダウンセル／一時休止を提案する基本的なレベル。もう1つは、ユーザー層ごとの利用状況を解析して、業務改善や新たなサービスにつなげる高度なレベルである。この両者のレベルを加味して事業を設計すべきだが、その認識がなく、また仕組みや人材も不足しており、採用要件や組織要件、教育制度を含めた人事制度もないため、データを活用した事業運営が実施できない。さらに、資産の取り扱いについても気を配る必要がある。サブスクの場合は特に、次の3つの資産に分解することができる。

●顧客と自社の共有資産：学習用データ
●顧客資産：分析結果
●自社資産：データモデル・データアルゴリズム

単一プランで勝負

テストマーケティング・PoCという位置付けによるところも大きいが、単一プランの提供のみで、顧客のニーズやペイン、状況を捉えたプランを用意できずに撤退していく例が多い。これは単に複数のプランを持てばいい、という単純な話でもない。複数のプランを持つということは当然、そこにコスト（固定費・変動費）がかかり、オペレーションも複雑化するリスクもある。つまり、複数プランを導入する際には、アップセル・クロスセルをどのように仕掛けるのかという「攻め」と、複数プラン提供によるコスト・オペレーション増の事業リスクという「守り」の両方を同時並行で検討する必要があるのだ。

14-2 成功策■脱ウオーターフォール

失敗要因が明らかになったところで、成功のための対応策を３つ（「リーンスタートアップによる早期改善モデルの立案」「データマーケティング＝脱デジタルマーケティング」「グロースハック」）示す。

対応策①リーンスタートアップによる早期改善モデルの立案

サービスリリース時に参考となるフレームワークとして、「リーンスタートアップ」を紹介する。リーンスタートアップは、もともとシリコンバレーの起業の方法論を取り入れつつ、マネジメント論として体系化した理論の一つである。

コストをそれほどかけずに最低限の製品・サービス・機能を持った試作品を短期間で作り、顧客に提供し、顧客の反応を観察する。その結果を踏まえ、製品、サービスの市場での受容性を判断し、試作品やサービスを機能追加などで改善して再度顧客に提供する。このプロセスを「構築」「計測」「学習」と呼び、このサイクルを短期間で繰り返すことで、新規事業の成功率が高まるといわれ、現在、日本でも様々な企業でリーンスタートアップの方式が取り入れられている。

リーンスタートアップでは、ビジネスモデルキャンバス（第10章参照）をベースに作成した「リーンキャンバス」を用いる。リーンキャンバスは、課題・顧客・価値・ソリューションなど9つのマスからできており、顧客の課題を中心に事業を組み立てるフレームワークである。リーンスタートアップは、リーンキャンバスを継続的に磨き上げながら、構築－計測－学習というフィードバックループを回すものである。

サービスの磨き上げには、常に顧客の声を吸い上げてサービスを改善し続ける必要がある。そこでは、同じくシリコンバレーから生まれた「スクラム」という開発手法が役に立つ。アジャイルという言葉を聞いたことはあると思うが、ウオーターフォール※の対義語である。ウオーターフォールは実行すべき手順とその結果、期待される成果を事前に事細かに検討するが、ごくわずかでも仮説が間違っていると、遠い先では悲惨な結果がもたらされる。それに対抗し生まれたのがスクラムやアジャイルだ。詳細は14-3で説明する。

※ウオーターフォール型開発とは、開発手順を1つずつ確認しながら工程を進めていく手法を指す。開発を各工程に分けて進めるが、次のフェーズに進んでしまうと後戻りができないというデメリットがある。

対応策②データマーケティング＝脱デジタルマーケティング

データを事業に活用するためには、「データマーケティング」の観点が欠かせない。データマーケティングを実施するためには、2つの観点に留意する必要がある。1つ目は、独立したチャネルを複数用意した「マルチチャネル」ではなく、複数のチャネルを統合した「オムニチャネル」として捉えること。2つ目は、構造化データ※だけでなく、非構造化データも捉えることだ。総務省が発表した『平成26年版 情報通信白書』によれば、データ量は2020年時点で44ゼタバイトになるという。そのうちの8割が非構造化データであり、まさに、データを前提にしたビジネスの仕組みを整えなければいけない（**図14-1**）。

※構造化データとは、二次元の表形式（Excel形式）になっているか、データの一部を見ただけで二次元の表形式への変換可能性、変換方法が分かるデータを指す。反対に、非構造データは、データ内に規則性に関する区切りがなく、データ（の一部）を見ただけで二次元の表形式に変換できないことが分かるデータを指す。

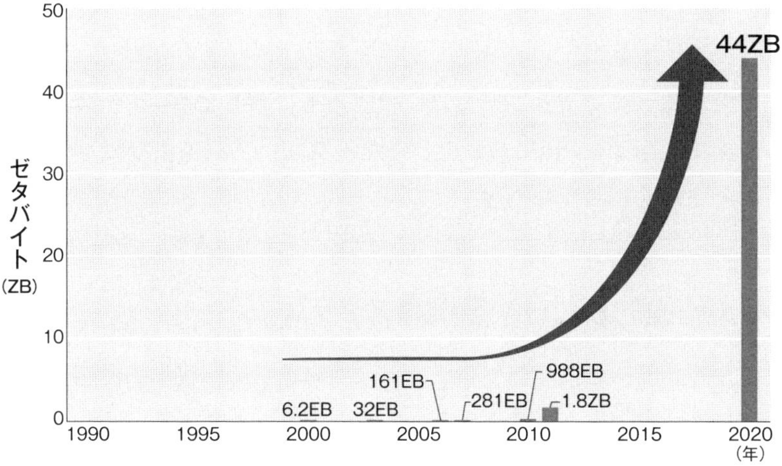

図表14-1　世界のデータ量

エクサバイト（EB）の1000倍がゼタバイト（ZB）。出所：『平成26年版 情報通信白書』（総務省）

そのためにAI活用は必須となる。2015年ごろから話題に上っている「O2O」から「OMO※」のシフトに近い。また、データを分析できる人材、つまりデータサイエンティストも必要となるが、彼らの市場需要に対する供給は枯渇しており、サラリーも上がっているため、外部から採用するか、内部の人間を育てるかは社内事情に照らして考えるべきである。今、シリコンバレーで欲しいといわれている人材は、学生時代にデータサイエンスを学んでいた人材か、デザイン思考ベースのMFA(Master of Fine Arts：美術学修士)ホルダーだ。

※OMO：Online Merges with Offlineの略で、オンラインとオフラインの統合を指す。オンラインとオフラインの2つの世界を切り分けて考え、双方間の行き来を促すO2O（Online to Offline）の進化版とされる概念。

対応策③グロースハック

「グロースハック」は、2010年に米国の起業家ショーン・エリスが考え出した概念である。市場やユーザーニーズに合わせて、マーケティング手法だけではなくプロダクトやサービスの開発も含めて改良するという考え方であり、サービスの磨き上げには欠かせないものだ。事業化に向けて立案したプランは、実際に当たるものもあれば、当たらないものもある。その際に、プランだけではなく、顧客接点としてのトリプルメディアや、時にはプロダクトに対してもA/Bテストを行うことで、定めたKPIに対してどうだったか、それによりピボットすべきか否かを判断するのだ。

14-3 理論的裏付けや事例■スクラム

素早く新サービスや新プロダクトの内容を詰め、科学的に顧客検証していく手法として「スクラム」がある。ベースとなるのは、トヨタ自動車のカイゼンの研究を通じてマサチューセッツ工科大学（MIT）で開発されたリーン生産方式である。スクラムはアジャイル開発手法※の一つで、サイクルタイムが極端に短い、顧客の望みを中心とする（顧客から望みを聞くわけではない）状況で、意思決定を科学的に行う方法である。思考のベースはデザイン思考であり、米国ではリーンスタートアップや顧客開発モデルといわれている。エリック・リース氏の『The Lean Startup（邦題：リーンスタートアップ）』（2011年）もこの領域では名著といわれている。

※アジャイル開発手法とは、小単位で実装とテストを繰り返して開発を進める手法。従来のウオーターフォール型の開発手法に比べて開発期間が短縮されるため、アジャイル（素早い）と呼ばれている。

スクラムを実践するために必要な人材は「3H」と呼ばれている。それは、ハスラー、ハッカー、ヒップスターだ（**図表14-2**）。つまり、ビジネスプロデューサー、エンジニア、デザイナーである。

Amazon.comの創業者ジェフ・ベゾス氏も「ピザ2枚を食べられるぐらいのメンバー数が良い」と、チームにはこの3Hを満たす人間を配置し、7±2人がベストと言っている。特にチームの中にスクラム

図表14-2　ハスラー、ハッカー、ヒップスター
出所：筆者

専門の有資格者（認定スクラムマスター・認定スクラムプロダクトオーナー）がいるとサービスの改善サイクルが速くなる。

この7±2人のチームが、ビジョン・コンセプトを基にMVP（Minimum Viable Product=実用最小限の製品）を企画し、1週間サイクルで「構築→計測→学習」を回し、真のニーズを捉えたサービスを開発していくのである。不具合を洗い出しながら、小さく失敗しながらも、顧客の求めているものを発見し、フィットするものを作っていく。スクラムは「永遠のβ版」といわれるサブスクに最適な開発モデルといえる。

第14章のまとめ

- サブスクでは、思い込みを捨て、データ（数値）による検証という科学的な進め方をしていく必要がある。

- スクラムに代表されるスピード感のある新規事業の開発と改善が必要となる。その際は、短期間で失敗を数多く経験して無駄を最小化するため、市場からの「学習」、必要な構築にフォーカスした「集中」「スピード」がポイントとなる。

- なお、顧客中心に繰り返し型で開発するモデルは、書籍『リーンスタートアップ』の刊行以降一気に盛んとなり、スタートアップの世界にとどまらず実践されている。

第4部

顧客特性や商材に合った サブスクビジネスの理解

第３部で説明したように、サブスク事業には共通した失敗要因が存在する。既存商材、既存顧客、既存チャネルを活用しつつ、サブスクを単なる継続課金モデルと位置付けていると足をすくわれる。サブスク事業はマネタイズ方法の一つの選択肢であるとともに、サブスクの本質を理解したうえで「新規事業」として自社事業の変革を実現しなければならない。だが、十分に自社内で議論されているかといえば、企業間での温度差が大きいというのが正直な所感である。また、近年の新製品のコモディティー化※の速度は非常に速く、モノとしての商材で差異化を図り、競争力をつけ、利益を上げることは非常に困難になってきている。

※コモディティー化とは、市場投入時には高付加価値の製品やサービスと認識されていたものが、市場が活性化した結果として他社が参入し、ユーザーにとって機能や品質などで差がなくなってしまうことを指す。

サブスク事業を実践している複数の企業を見てきて思うのは、従来のコア事業が強ければ強いほど「イノベーションのジレンマ」により他の事業が育たない傾向があるものの、市場における顧客提供価値を再定義したうえで、自社事業を踏まえて抜本的なビジネスモデルを再構築することで、既存事業とサブスク事業の両立・親和性の可能性を大いに感じる。

第4部では、企業がサブスクを取り入れたビジネスモデルを構築するために留意すべきポイントを述べたい。一言にサブスク事業においての留意点といっても、対象はモノかコトか、顧客は企業か一般消費者か、企画時なのかフィジビリティーチェック時なのか、などにより留意すべき点は異なる。本書では、サブスク事業のリリース後の立て直し、または企画開始を検討している読者を想定し、「事業企画時」に検討すべき項目を分解することで、特に留意すべき点を明確にしていく。第15章は「顧客特性」を、第16章は「商材特性」を検討項目として解説する。最後の第17章は「販売特性」として、主にレンタルからのサブスク事業化への留意点をまとめる。

事業企画時は、「誰に対して誰が何を提供しているのか？」「どのようにもうける仕組みを構築しているのか？」を考える必要があり、それを分解すると**図表**のように整理できる。顧客特性・商材特性・販売特性に次の検討要素を掛け合わせて、特に重要な部分について解説を行う。

誰に対して誰が何を提供しているのか？

- ターゲットセグメント／顧客
- 顧客提供価値／商材
- 組織体制／人的資源

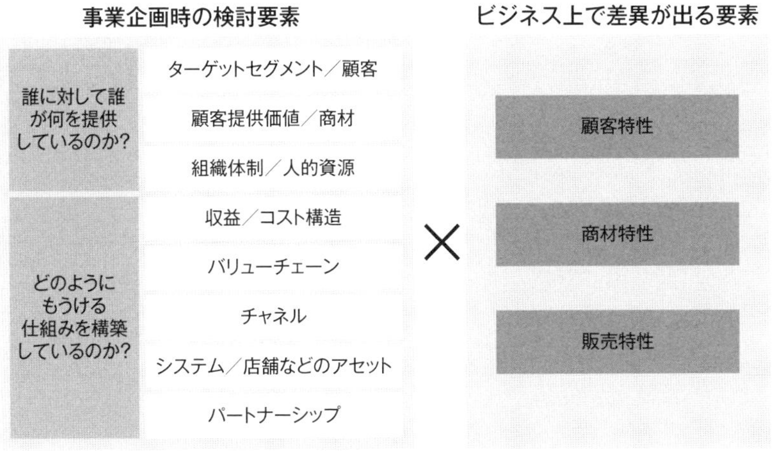

図表　サブスク事業企画時に注意を払うべき点
出所：筆者

どのようにもうける仕組みを構築しているのか？

- 収益／コスト構造
- バリューチェーン
- チャネル
- システム／店舗などのアセット
- パートナーシップ

第15章 顧客特性

サブスク事業に限らないが、事業は「顧客」の定義次第でビジネスの性質が大きく変わる。本章ではB2B（顧客はメーカーやサプライヤーなど）とB2C（顧客は一般消費者）に分け、商材などの特性を除いた、サブスク事業を企画する際の顧客特性に依存する特徴的なポイントを解説する。

15-1 B2Bにおける顧客特性

B2Bサブスクにおいて検討すべきポイントとして、「販売チャネル・営業チャネル」「顧客の意思決定プロセス」「顧客関係性の変化と提供内容の再構築」について解説する。

15-1-1 販売チャネル・営業チャネル

企業には既存事業により蓄積されたアセットや知見が存在する。既存の販売チャネルや営業チャネルもその一つであり、そうした企業がサブスクにシフトする際、注意しなければならないことがある。例えば、従来の営業スタイルが気合いと根性で、自社商品のことは顧客の方が詳しく、商品頼りでメリットを完全に訴求できなくともクローズまでつなげることができる場合、そうした既存のチャネルはサブスク事業には利用できない可能性が高い。

では、どうすればいいのだろうか。既存チャネルからのシフトの例としてOA機器メーカー、新規チャネルを構築する例として太陽光発

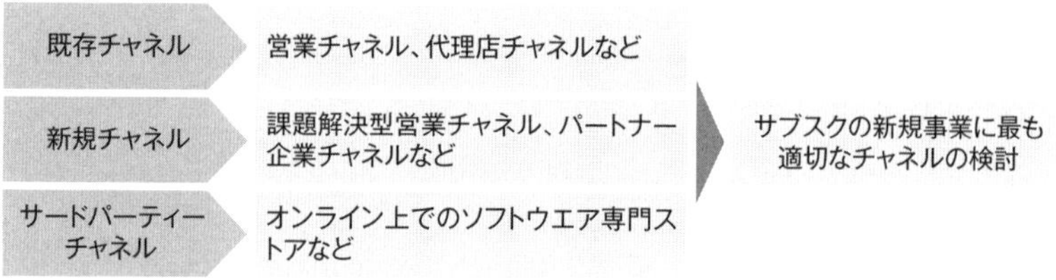

図表15-1　B2Bのチャネルの選択肢
出所：筆者

電システムメーカー、そして、サードパーティーチャネルの活用事例としてオンラインソフトウエアの専門ストアを紹介する（**図表15-1**）。

既存チャネルからのシフト／OA機器メーカー

多くのOA機器メーカーは、これまでB2Bの顧客に商品をアピールし、予算の確認や顧客のネットワーク環境をヒアリングするだけで、あとは顧客側で他社商品と比較したうえで商品が売れていた。そうしたモノ売りに対してサブスク事業は、顧客の状況を確認し、業務を理解し、これまで気にする必要がなかった周辺機器のヒアリングが必要になり、よりインタラクティブな営業が求められる。つまり、サブスク事業は「コンサルティング営業」に近い形をとることになる。そのためには、モノが中心で高いスキルが不要な御用聞きスタイルの営業から、モノやソリューションありきではなく顧客の業務を理解し、顧客が抱える課題・ニーズを明確にしたうえで適切に提案する「課題解決型営業チャネル」の構築が望ましい。

新規チャネルの構築／太陽光発電システムメーカー

太陽光発電システムメーカーは、工務店や販売代理店を通して消費者に商品を届けるB2B2Cのビジネスモデルを採用しており、そうしたモノ売りチャネルは確立されていた。日本国内では2000年3月から電力の小売自由化が始まり、特別高圧に区分される大規模工場やデパート、オフィスビルは電力会社を自由に選ぶことができるようになった。その後、小売自由化の対象は特別高圧区分だけでなく高圧区分、低圧区分へと徐々に広がり、中小規模の工場やビル、家庭、商店なども自由に電力会社を選べるようになった。

このように電力市場が大きく様変わりしたことを考慮すると、従来のモノ売りチャネルにこだわらず、電力というサービスチャネルを新たに構築し、例えば電力会社との連携により彼らのネットワークを活用した新たなチャネルを構築することが考えられる。電力会社などの規制産業に従事しているプレイヤーからしても新たなビジネスチャンスをうかがっているに違いない。B2Bビジネスにおいてはサービス内容と同様にチャネルが重要になるため、既存チャネルにこだわらず自由な発想を取り入れることが解決策につながる。

サードパーティーチャネルの活用／オンラインソフトウエアの専門ストア

他企業のチャネル（サードパーティーチャネル）活用も、サブスク事業企画時のタイミングで模索できると想定される。例えばソフトウエア企業に限定されるが、Amazon.comがクラウド上で提供するオンラインソフトウエアの専門ストア「SaaSストア」のようなサードパーティーチャネルが存在する。多くの企業に価値を理解してもらうため、チャネルを検討しビジネス拡大の可能性を広げることができるだろう。

15-1-2 顧客の意思決定プロセス

B2Bでは、購買の承認プロセスに複数の関与者がいるので長期化す

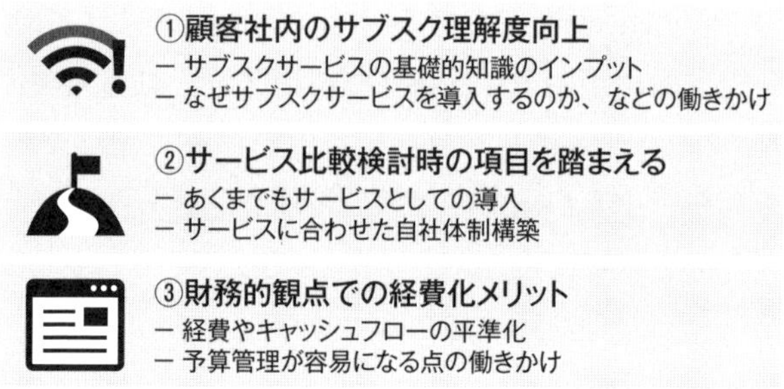

図表15-2　顧客の意思決定プロセスでの訴求ポイント
出所：筆者

るのが常である。B2Cであれば個人が決定権者としてすぐに購入に至ることが多いが、B2Bは担当者の選定・評価・起案に始まり、上層部や関連部門の承認などが必要になる。取引金額が少額であれば担当者が決裁できる場合もあるが、数十万円以上となると複数の人が関わり長期化する。サブスクの場合、長期化する意思決定プロセスで3つの訴求点がある（**図表15-2**）。

訴求点①顧客社内のサブスク理解度向上

企業によっては、サブスクサービスに対する認知や理解が進んでいない。そうした場合、顧客の窓口となる担当者に、「どういったメリットがあるのか」「従来の商材とは何が異なるのか」「なぜサブスクサービスなのか」などを社内で説得するように働きかけることが求められる。例えば、購入するにはあまりにも高額だったため諦めていた顧客に対しては、サブスクにより初期購入時のハードルが下がることを訴求メッセージにすることで、顧客社内の承認プロセスがスムーズに進むかもしれない。顧客社内を動かすメッセージを訴求し、これまでとは異なる商材であることを認知させることが成功のカギとなる。

訴求点②サービス比較検討時の項目を踏まえる

B2Cと比べてB2Bでは、より合理的な意思決定が行われる傾向にある。サブスクサービスを導入する際、顧客企業では、無駄な出費を増加させないために機能ベースでの洗い出しや精査が行われ、最もニーズにマッチするサービスを比較検討するだろう。サービスではトライアルの実施も容易なので、相性の良いサービスや機能の見極めが進む。そうした際に顧客がチェックするポイントは、「課金体系と求める機能が自社にマッチしているか」「サービスを利用する環境が整っているか」「カスタマイズ性は十分か」「利用するに当たってのサポートは適切な状態か」「サービスの品質が納得いくものか」などだ。そうした点を踏まえて訴求していくことがカギとなる。

訴求点③財務的観点での経費化メリット

顧客の意思決定プロセスでは、財務的観点でのチェックが必ずある。モノ売りでは購入やメンテナンスの都度に発生していた各種費用が毎月一定額の支払いになり、予算管理が容易になる。多くのサブスクサービスを導入検討している企業にとって、この点は大きな訴求ポイントである。

15-1-3 顧客関係の変化と提供内容の再構築

ビジネスにおいて顧客との関係が何よりも重要であることは昔も今も変わらない。サブスク事業においてどのように顧客との関係性を構築、維持していくのかがB2B事業においても最も重要な要素であることは必然であり、基本的な課金体系の変更だけでなく顧客との関係の中で顧客に刺さる＋αの価値・提供内容を明確にすべきである。

サブスク事業を導入することで自社の市場が成長しなければならな

い。特に成熟産業・縮小傾向の産業においては、新たな可能性としてのサブスク事業であって、市場の縮小や自社シェアが奪われるのであればサブスク事業を始める意味がない。ベンチャー企業などのディスラプターによるイノベーションによって新市場への転換が期待できるのであれば望ましいが、既存企業のサブスクの新課金体系によって市場が縮小するのであれば悪循環を招きかねない。

また、これまでのB2Bビジネスであれば一度導入すれば使い続ける（中長期にリピートする）のが常であったが、サブスクによりその点も崩れていくことが想定され、使い続けられるサービスとして磨いていく必要がある。

以下、2社の事例をケーススタディーとして紹介しよう。

ケース1　自動車向けタイヤメーカー

IoTやデータ活用により、メンテナンスやタイヤの空気圧を監視するサービスをタイヤとセットで提供している。タイヤのモノ売りに対してサービスのサブスク事業を組み合わせるモデルだ。これまでは顧客自身でタイヤを管理せざるを得なかったが、本サブスクサービスによってタイヤのパンクなどのトラブル防止になる。業務用のトラックではパンクなどがあると、稼働できずに業務が止まってしまう。そうしたダウンタイム発生の抑制や非コア業務であるタイヤ管理をアウトソーシングすることで業務効率化に寄与できると想定される。これまでのタイヤ商材のモノ売りでは実現できなかったサービスにより、既存顧客に対して新たな価値を提供している。

ケース2　航空機のエンジンメーカー

1980年代に、従来の航空エンジンのモノ売りビジネスから時間貸しビジネスへ事業改革を行った。航空機のエンジンの出力と使用時間の合計に応じて、エンジンのユーザーである航空会社へ請求するサービスモデルである。これまでは、航空会社が航空機を購入またはリースしており、資金力がないと調達できなかった。ところが、本サービスにより初期投資の削減につながるので、LCC（＝ローコストキャリア）などの新規航空会社に対してもビジネスチャンスが広がった。

本サービスは、商材（航空機本体）とサービス（エンジンの整備など）をセットで提供し、継続課金のビジネスモデルに変更した。航空機における整備は乗員・乗客の命に直結することであり、非常に重要な要素であるため、整備をサービス化することでエンジン状況を把握し、消耗品や交換部品、整備士の配置などもサービスの一環として提供される。顧客の航空会社からすると効率的なフライトが実現できる。エンジンメーカーからすると、1時間当たり数十ドルでエンジンの保守を受託でき、民間航空機エンジン部門の収入の約7割を占めるようになったといわれている。

15-2 B2Cにおける顧客特性

B2Cサブスクにおいて検討すべきポイントとして、「サブスクならではのマーケティングの在り方」「顧客体験を意識したシステム周りのつなぎ込み」「顧客関係の変化と提供内容の再構築」について解説する。

15-2-1 サブスクならではのマーケティングの在り方

従来のマーケティングアプローチを前提にすると、既存事業とのカニバリゼーションが起こり、サブスク事業の集客につなげることが難しい。例えば飲料メーカーのケースで考えると、メーカーは従来、顧客との直接の接点は持たず､流通に顧客接点を委ねている。そのため、マーケティング活動といえばブランディング価値最大化のためのマス広告や、流通小売りとの共同キャンペーンが主軸である。

サブスク事業は既存事業のディスラプターであり、既存の流通への影響も懸念される。既存のマーケティングを活用すると社内でのハレーションが起こることは必至である。そうした状況での打つべき手段には、マイクロマーケティングがある。デジタルマーケティングを活用して既存事業とサブスク事業での顧客提供価値の違いやメリット

	マスマーケティング	マイクロマーケティング
目的	ブランドイメージ、新商品の訴求	既存商品の訴求
顧客との接点	テレビ、新聞など一方通行の接点	SNS、オウンドメディアなど双方向の接点
対象の顧客範囲	新規顧客、認知されていない顧客層	既存顧客、認知が進んでいる顧客層
活動の単位	キャンペーンなどの単発的な活動	継続施策の活動
取り組みの方向性	サンプリングデータの活用、予測して管理	測定値の活用、計測して対応

▼ B2Cサブスクの
マーケティング活動に適している

図表15-3　サブスク事業はマイクロマーケティングで既存事業とのカニバリゼーションを防ぐ
出所：筆者

を訴求することで、既存事業とのカニバリゼーションを防ぐことができる（図表15-3）。

15-2-2 顧客体験を意識したシステム周りのつなぎ込み

B2Cの方がB2Bよりも顧客が離れやすく、サービスレベルを高めることはより重要である。そのためには、サブスクサービスのサイトと、課金システムやERPとのつなぎ込みを徹底し、顧客情報の管理や請求書の処理、課金プランへの対応、在庫管理などをすべてシステム化したい。ただ、それらすべてを既存システムで対応することは困難なので、既存システムを活用できるところと、内製化は不要なところを見極め、外部サービスの活用を検討するのが望ましい。

既にサブスクに特化したシステムは提供されている。こうした判断をリリース後に先送りすると、当初の顧客体験が期待値に到達せず、プレスリリースなどで盛り上がった顧客を獲得できずに失敗してしまうことになる。サブスクの事例を分析すると、こうしたケースは少なくない。

15-2-3 顧客関係の変化と提供内容の再構築

サブスクと売り切りの決定的な違いは、顧客との直接的なタッチポイントを獲得することである。タッチポイントの増加に伴い、より顧客を理解できるようになる。調査分析から見えてきた点として、B2Cの顧客価値提供は取得データを活用したレコメンドによる、選択時の手間軽減や新たなモノ・サービスとの出合いの提供に改善機会がある。顧客とのつながりから特段これまでと同じ価値のみしか提供できないのであれば、サブスク事業を行うメリットが半減しかねない。

おもちゃのサブスク企業のケースを紹介しよう。「好きなおもちゃを毎月借りられる」サブスクを提供しているが、子供の楽しみや学びのため、親の自由時間を作るための支援としてのおもちゃのお届けだけではなく、ワインのソムリエのように「子供の成育状況に応じたプロが選ぶ新たな出会い」に価値を置いている。親が知らない範囲のキュレーション的な位置にしており、定期的に届くおもちゃによって子供自身で得意な物や好きな物を発見することに貢献している。これまでのおもちゃのモノ売りでは提供できなかったことであり、顧客とのタッチポイントの増加により相手を理解し、「成育状況に応じたおもちゃ選び」という新たな価値を提供している。

同様の事例に動画配信サービスのNetflixが挙げられる。同社はもともとDVDレンタルサービスを提供していたが、そのころからある「ファイル・レコメンデーション・ソフト、マーチャンダイジング※、在庫管理システム」を高度化させることで、サブスク事業へと変革した。レンタルしたDVDが返却される際、顧客は続けてDVDをレンタルすることが多く、そうした情報をマーチャンダイジングや在庫管理システムに活用することで「顧客が次に観たい映画のDVDが常にある」状況にしていた。そうした仕組みを高度化させて今のサブスク事業を支えている。

※マーチャンダイジングとは、流通業に特化したマーケティング用語で、自社の商品やサービスを消費者に販売するに当たり、その販売方法や価格設定を戦略的に設定するための活動や計画、管理方法を指す。

第15章のまとめ

B2Bの顧客特性

- サブスク事業を実施する際、既存チャネルは一つの選択肢として位置付け、サービス内容に応じて他チャネルの検討や課題解決型営業チャネル構築などを見極める必要がある。

- 顧客の意思決定プロセスにおいて、顧客社内のサブスク理解度向上、サービスとしての承認プロセス、財務的な観点での経費化メリットなど、訴求すべき点と内容を精査することが有効である。

- 従来のB2Bでは一度導入すれば長期利用が前提であったが、サブスクにはそうした前提がない。そのため、基本的な課金体系の変更だけではなく、サブスク事業として顧客とどのような関係性を構築、維持していくのか、どういった価値提供を実施したいのかを具体化することが重要である。

B2Cの顧客特性

- サブスク事業ならではのマーケティングの在り方として、従来のマスマーケティングのみではなく、顧客とのつながりを意識した顧客目線でのマイクロマーケティングを意識する必要がある。また、既存事業が存在する場合は、カニバリゼーションを意識する必要がある。

- リリース前に顧客のサービス認知から契約、利用、問い合わせ、解約までの導線をつなぎ込み、顧客体験を意識したシステム周りのつなぎ込みが重要である。

- サブスク事業のB2Cにおける顧客関係は直接的なタッチポイントの増加が挙げられ、サービス内容にどのように顧客接点を活用していくか併せて検討が求められ、サービス全体の設定を意識した方が得策である。

第16章　商材特性

日本でもサブスク元年から数年がたち、当初は無形商材のサービスをイメージするケースが多かったが、最近では耐久財や半耐久財、資本財、生産財まで対象が広がっている。本章ではB2BやB2Cに関係なく、商材に特化した留意点をまとめる。

改めて商材を整理すると、まず大きく「生産財」と「最終需要財」に分類され､最終需要財は「投資財」と「消費財」に分類される。「生産財」は、生産者が財を生産するために使用する原材料や部品などの中間生産物（例：エネルギー資源、パルプなど）を指す。「投資財」は、将来生産のために使用する原料や設備のことを示す資本財（例：工作機械、車両など）や、建設工事において使用されるあらゆる材料のことを示す建設資材（例：製材、セメントなど）を指す。

「消費財」は消費するために購入する財のことで、期間などによってさらに分類される。長期間（1年以上）使用できる「耐久財」（例：自家用車、家電など）、短期間（1年未満）使用できる「半耐久財」（例：衣類、鞄）、短期間で消費されてなくなる「非耐久財」（例：食料、保健医療など）、売買後に製品が残らず形のない財を示す「サービス（無形商材）」に分類される。商材の特性上、生産財は非耐久財、資本財は耐久財に含め、それぞれの商材の留意点を整理する。

16-1 耐久財における商材特性

16-1-1 耐久財で利益を生むコスト構造

耐久財（資本財含む）のサブスク事業における最も大きな課題は、商材が自社のリース資産として資産管理や減価償却が求められる点である。売り切りでは販売時にモノの所有権が顧客に移転するので、自社での資産管理は不要だった。サブスクでは所有権がサービス提供者に残るので、個々の商材をリース資産として管理する必要がある。ユーザー数が増えるにつれ、管理すべき資産も増えるので、定期的な棚卸しなどの煩雑な管理をいかに効率的に行うかが課題となる。

サブスクは資産管理の手間が増える一方で、売り切りに比べて初期の収益は減少するので、その減少分を既存事業で吸収する、新たな収益源の獲得を図りアップセル・クロスセルの要素を追加する、新たな顧客を獲得するといった対策が求められる。

大手OA機器メーカーのケースを紹介しよう。サブスクを導入する際、OA機器のハードウエアの仕様を標準化し、顧客の機能面の要望はソフトウエアで対応する仕組みを導入した。従来は高価格帯の高出力機と廉価版の低出力機でハードウエアを分けていたが、この事例ではハードウエアを高出力機の仕様に統一し、利用できる機能をソフトウエアで制御することで廉価版の仕様を実現している。一見すると、高出力機の仕様に統一することで原価は上昇するように見えるが、それ以上に部品共通化による調達コストや、不良在庫抑制による原価低減が寄与し、コスト削減に成功している。

競合他社が類似のサブスクサービスをローンチしても、価格追随のためにむやみに値下げしないようにする。価格勝負の事業ではないことは留意すべきである。競合他社が仮に3プラン出してきた場合、新規プランを作って追随することはあっても、価格は事前計画通りに進め、それ以外のところで競合他社に対する差異化を進める。

また、耐久財のサブスクは、モノ売り以上にオペレーションコストがかかる可能性がある点を考慮すべきである。コンサルティング営業に近い形をとる必要があるので、事前アセスメントやコンサルティング提案などの時間を考慮しておく必要がある。モノ売りの場合、オペレーション部分を有償化していないケースが多いが、そこにかかる稼働はすべてコスト化される。

顧客の規模感によって何回訪問する必要がありそうか、その後の導入までどの程度の稼働コスト・工数がかかるのか想定し、値上げを行うのか、何回以上の訪問で販売を辞退するのかなど、基準を明確にしておかなければ、商材が売れていても利益が出ず、あと2~3倍売らないといけない状況に陥ってしまう。

16-1-2 耐久財デジタル化の潮流

耐久財は、汎用化が進んだ商材においてもサブスク化することによって価値を転化できる可能性がある。ハードウエア×サービスの商材の組み合わせにサブスク事業は適合する。IoTなどによって徐々にデータが蓄積されることで汎用化された商材がデジタル化していく。家電製品など通常であればプロダクトライフサイクルは長期の利用が前提であり買い替えが頻繁に発生しないため、企業が最新機種を毎年リリースしたとしても利用されず、デジタル化が加速しない。

一方で、サブスク化により常に新たな商材が利用可能になることや、例えば、電気自動車メーカーのTeslaのようにソフトウエアでアップデートする考え方、ソフトウエアによってプランを切り分ける考え方が浸透しやすい。モノのライフサイクルとデータ活用を踏まえたサービスのサイクルが合致し、モノのデジタル化が加速すると考えられる。

参考までに、モノのライフサイクルの考え方を整理しておく。モノにはライフサイクルがあるという考え方は4点を前提としている。1点目は製品の寿命、2点目は製品の売り上げはいくつかの段階で増減すること、3点目は製品の利益は段階によって変動すること、4点目は変動する各段階において対応した組織が求められることである。

ほとんどのモノのライフサイクルは曲線を描き、導入期、成長期、成熟期、衰退期の4つの段階に分けられる。これまで長期の利用が前提であったモノのライフサイクルは、サブスク事業のサービス化により顧客が受ける感覚が変化し、売り上げ・利益の拡大に貢献できる可能性がある（**図表16-1**）。

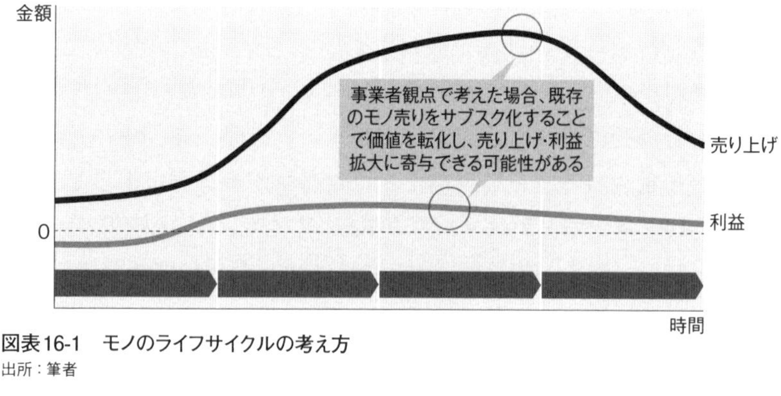

図表16-1　モノのライフサイクルの考え方
出所：筆者

多くの企業は「モノを売ること」ではなく、「モノを通して顧客に価値を提供して貢献する」ことにビジョンを置いており、サブスクはそのビジョンや目指す姿との親和性が高いと想定される。一方でビジョンのような中長期的観点であればサブスクの相性は良いが、短期的な数字を期待する場合は喪失感が増すことが想定される。売り上げや利益が期待したほどではなかったと嘆く企業の多くが、途中でサブスク事業を断念しているのは確かである。そういった企業の共通点は、長期的なロードマップが描けておらず、このサービスを実施し続けることで将来的にどうなるのかが明確ではない。

家電量販店のケースを紹介しよう。一度サブスクに挑戦したものの先が見えずに断念し、再度挑戦しているケースである。この企業では家電の商材点数を絞り、定期課金の仕組みを導入した。絞り込みの基準は長期的に利用され返品されるリスクが低く、高い稼働が見込まれる観点で選んだが、結果的には買う人が多い商材であったため稼働率が上がらず、最初のサブスク事業は失敗となった。その経験を基に、短期間に使ってもらえる商材を加えて認知度を上げ稼働率を高めようとしているが、2021年時点では道半ばという状況である。

重要なことは、ローンチ段階でいかに顧客サイドに立てるかである。顧客の利用シーンに合ったサービスであれば、Amazon Primeのように顧客観点でも企業観点でもなくてはならないサービス、やらない理由が見つけにくいサービスへと成長を遂げ、その分野におけるプラットフォーム的なサービスへと変貌を遂げることができよう。

16-1-3 顧客提供価値の再考

サブスクサービスは、耐久財のこれまでの「顧客提供価値」に対する考え方を大きく変える。例えば第18章で紹介するトヨタ自動車のサブスクサービス「KINTO」は、クルマという「モノ」にとどまらず、「今までにない移動の喜びを創造するモビリティサービス」を提供している。サブスク事業を始めるタイミングで顧客に対する価値の在り方を見直し、価値の届け方を変えている。そうすることによって、クルマ以外の価値提供が実現する。あくまでもコアとなるサービスを磨き、完成させることが前提であるが、次なるステップとして、検討初期段階から派生ビジネスを含めたビジネス全体の構想をしておく必要がある。

例えば、家電のサブスク事業であれば、掃除機やドライヤーなどの家電の商材ラインアップを増やすのと並行し、派生ビジネスの検討を模索する。考え得る内容の一つとして、データ活用による付加価値化がある。ドライヤーの利用状況に応じた美容院のサービス、掃除機と併せた家事代行サービス、空気清浄機と併せた花粉症対策サービスの拡充などである。顧客が求めているものは掃除機でもドライヤーでもなく、部屋をきれいに保つことであり、髪の毛をきれいな状態で維持

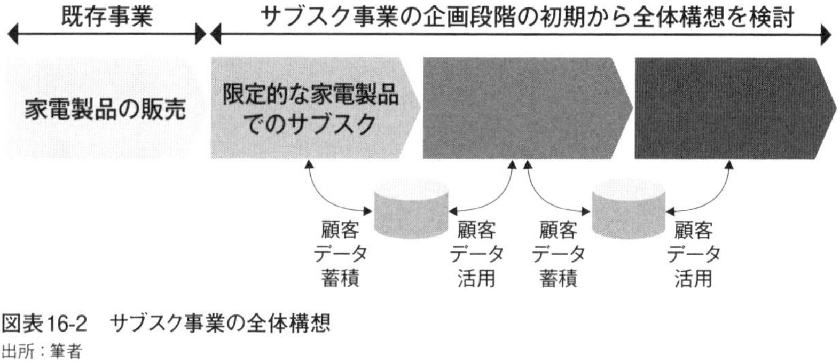

図表16-2　サブスク事業の全体構想
出所：筆者

することである。モノに固執することなく、サービスも含め顧客に与える体験としての提供価値を検討する（**図表16-2**）。

16-2 半耐久財における商材特性

16-2-1 顧客の欲求、企業の思惑によるコスト圧迫

新規事業を行う際、顧客の欲求と企業側の思惑が常に一致するわけではない。一般的な事業でも共通する留意点であるが、半耐久財のサブスクでは、特に意識しなければ事業が成立しないコスト構造になる。

普段着や仕事着向けのファッションサブスクを行っている企業を例に説明しよう。顧客は常に新しい衣類を借りたい欲求があり、多い人で月に6回以上、平均でも月に4～5回は利用されているサービスである。ただ、ファッションサブスク事業は配送、管理、修理、クリーニング、解約・返品などの費用がかかり（試算では売り切りの3倍以上）、ユーザーの増加、つまりは利用回数の増加に伴って収支を圧迫するコスト構造になっていた。

こうしたサービスの場合、従来のモノ売りの際にはかからなかった間接費や修理費を考慮する他、商材を再利用する場合は消耗品や修理に係る稼働費用までコスト構造を明確にしたうえで試算する必要があるだろう。借りたい顧客と貸したくない企業の関係が続くとビジネスとしても適正な状態とは呼べず、サブスクをコア事業とした持続的な発展が難しい。

別の衣類のサブスク企業では、ロイヤル顧客はサービスを使い慣れしていることから利用回数が増加する傾向があり、新規顧客獲得にリ

ソースを割いていたという。半耐久財の衣類や鞄などの商材は様々なモノを借りられることをメリットにうたうことが多く、コスト管理を含めた設計を心掛けたい。

16-2-2 半耐久財を長期利用できる仕組み化

ブランドバッグのサブスク企業は、商材にICタグを埋め込んで半耐久財の長期利用を促進している。その工夫は２点ある。１点目は、商品返却後にメンテナンスや補修を行うことで新品同様の商品へ戻す仕組み。２点目は、商材に対する扱いがよければ顧客にメリットを提供し、商品を常に新品に近い状態に保つことである。商材を大事に扱う優良顧客であれば、破損やそれに伴う修繕費増大、紛失などのリスクを下げることにつながる。

一方で、子供向けおもちゃのサブスク企業では、返品された商材のメンテナンスは重要視していない。メンテナンスを行うには知見やそれなりの設備や人材のリソースを整える必要があるためである。貸し出しできなくなったおもちゃは病院などへ寄付することにしている。半耐久財は修繕して再利用すると事業上のメリットがあるが、営利を目的とせずに社会貢献での再利用も検討の余地がある。廃棄ではなく使い続ける余地が残される点は、サブスクの良さでもある。

16-2-3 既存調達先以外の選択肢の検討

新規事業を立ち上げる際、今まで築いてきた既存事業のリソースを可能な限り有効活用したいと考えるのは自然な流れであるが、既存事業へ支障をきたさないためにも新たな選択肢を持たせることも重要である。

例えば半耐久財の洋服などのサブスクに見られる点として、従来の業者から商材を調達するケースがある。ただし、従来の業者からすると、最新の洋服をサブスクとして扱われたくないし、決まった点数は買い取りしてもらわないと困るなどの制約が存在する場合があり、そうなると想定している洋服のサブスク事業を実施することが困難になるケースがある。業者からは型落ちした在庫品が回される対象になり得ることもあり、それが顧客にとってメリットなのかどうか見極める必要がある。もちろん事業の価値が「トレンドの服の貸し出し」ではなく、「ユーザーに合った服をレコメンドして貸し出し」であれば問題ないが、事業価値や顧客メリットを想定した調達先の選定を心掛けたい。

調達先の選定での留意点は2つある。1つ目は、調達先をゼロベースで考え、どのブランドからどのくらいの量を仕入れるべきなのか、在庫責任を持って取り組む必要がある。2つ目は、サプライヤー側が自社のサブスク事業と組むことでどういったメリットがあるのか、どの程度の売り上げや知名度向上に寄与するのかを明確化して訴求することである。

16-3 非耐久財における商材特性

16-3-1 市場境界の定義

同一の市場を、既存事業とサブスク事業の双方で共有するのは困難である。新規事業としてのサブスク事業が、既存事業のディスラプターにならないように市場を細分化することが求められる。もちろん、他の商材においても対象市場は明確にする必要があるが、特に非耐久財は顕著に顧客へ価値やメリットが正確に伝わらなければカニバリゼーションが発生する傾向がある。

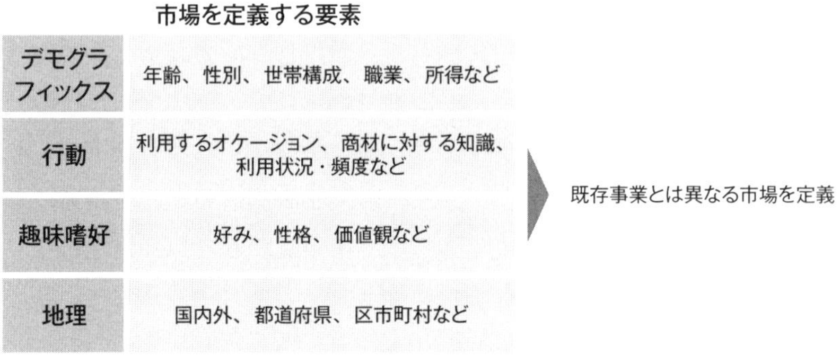

図表16-3　市場境界の定義方法
出所：筆者

ビールメーカーのサブスクで説明しよう。売り切りの缶ビール・瓶ビールも、家庭用ビールサーバーで提供するサブスクのビールも、基本的には中身は同じビールである。そのため「誰に対してどういったチャネルでどういったメッセージを訴求するのか」というマーケティング側面が重要になる。可能な限りカニバリゼーションが発生しないよう市場を細分化し、テストマーケティングを繰り返すことで検証し、定義していく必要がある。具体的には、対象市場を「デモグラフィックス」（年齢、性別、世帯構成、職業、所得など）や「行動」（利用するオケージョン、商材に対する知識、利用状況・頻度など）、「趣味嗜好」（好み、性格、価値観など）、「地理」（国内外、都道府県など）によって細分化し、利用シーンに合ったニーズを定義する（**図表16-3**）。

16-3-2 自前のアフターサービス体制

これまでモノ売りの事業を営んできた非耐久財を扱う企業、例えば前述の飲料メーカーなどは卸や小売りが販売先という企業が多いだろう。その場合、顧客窓口はあるものの顧客と継続的に関係を構築するサポートにはなっておらず、アフターサービスの知見やリソースを保持していないことが多い。サブスク事業は期間に対して料金を徴収することを考えると、故障や不具合によりサービスが停止すると返金対象にもなり得るため、アフターサービス体制を活用して備品関係の抜け漏れや備品／消耗品の交換プロセスの明確化など、すぐに対処する体制が必要になる。

家庭用ビールサーバーのビールをサブスクで提供する場合、蛇口部分が折れたり漏れたりすることが予想される。そうしたことに対して早急に対処できる体制を事前に組んでおく必要があり、これまでのコスト部門としてのサポートとは異なり、顧客との関係性を向上させる部門であることを考えると、外部委託ではなく自社で提供することで他社に対しての差異化要素になり得る。

16-4 サービス（無形商材）における商材特性

16-4-1 サービス設計時に勘案すべき項目：顧客への提供価値

サービス（無形商材）はマネタイズモデルのみ変更するだけでサブスク化できるため、参入障壁が低く、多くの飲食店などがサブスク事業へ参入した。だが、サービスによっては企業視点で検討されており、「顧客に何を届けたいのか？」「顧客のどういった行動に寄り添うためのサービスなのか？」といったことを無視したサービスが見受けられた。事例を基にサービス設計時に勘案すべき点をまとめる。

ある飲食店では、月額固定料金を支払えば毎日1杯のラーメンを食べられるサービスを展開している。これも広義のサブスクといえる。顧客視点で考えるとラーメンは食事の中の一つの選択肢であり、多くの人にとって毎日食べたい料理ではなく、ニーズとしては色々な料理を食べたいというのが本音だろう。顧客の行動に寄り添ったサービス内容や満足度につながるのか、飽きが来ないか、味わうことではなく食べ続けることが目的化しないか、と掘り下げると、この飲食店のサービスはメッセージが曖昧である。

もし企業側が「ラーメンは1週間に1度食べる物、サブスクのターゲットは1カ月に4回、多くても8回食べる人」と設定していた場合でも、実際には想定外の顧客（例えば毎日ラーメンを食べる人）が主要なユーザーになり収支を圧迫する可能性がある。どういった顧客のどのような行動に寄り添うサービスでありたいのかを決めたうえでサービス設計することが重要だ。

例えば「普段あまり野菜を摂れない顧客に対して、野菜ラーメンで野菜を摂ってほしい」というメッセージであれば、その顧客の生活行動にも適していると考えられる。話題性を狙ったサービスであれば短期的には有効かもしれないが、「継続が難しい」「割高に感じる」「十分に生かせない」と思われると、商材の品質が高かったとしても価値を感じられないため、顧客は離れていくものである。

16-4-2 サービス設計時に勘案すべき項目：キャパシティー

別の飲食店は焼き肉食べ放題を定額料金でサービス展開したが、安価であったことから顧客が殺到したことにより急きょサービス終了へと追い込まれた。このサブスクからの教訓は2つある。

1つ目は、価格設定は顧客へのメッセージになり、高くても安くても駄目であること。これはサービス（無形商材）だけでなく、すべての商材にいえる。2つ目は、キャパシティー、つまりは座席とテーブルの回転数に限りがあること。通常よりも安価であるというメッセージが顧客に伝わった途端、想定以上の申し込みが殺到した。これにより既存顧客とのカニバリゼーションが発生し、サブスク顧客により既存顧客が利用できない状態へ追い込まれ、既存顧客の利用回数が減少し、サブスク顧客の増加に伴う原価率の上昇が重なって収支が圧迫された。

キャパシティーをうまくコントロールする事例としては、フィットネスクラブのような月額会費制の仕組みが参考になる。利用頻度、時間帯、施設カテゴリーにより利用顧客を分散化して価格設定することで顧客の満足度を保ちつつ、収益を最大化している。外食関係のサブスクも、キャパシティーをコントロールし、サブスク顧客の会員数の全体、および時間帯でのキャップを定めることで、事業継続できる可能性はある（**図表16-4**）。

	参考事例：フィットネスクラブ	サブスク事例：飲食店
利用頻度	回数限定、無制限	無制限
時間帯	平日のみ、休日のみ、夜間のみ、無制限	制限なし
施設カテゴリー	マシンジム、プール、スタジオ	3店舗限定（サービス開始時）
オプション	パーソナルトレーニング	飲み放題

図表16-4　キャパシティーのコントロール方法
出所：筆者

16-4-3 サービス設計時に勘案すべき項目：既存事業との共存可能性

最後は、既存事業との共存についてだ。外食企業は既存事業とサブスク事業を同一の店舗、人材リソース、商材、顧客で共存し合っている状態が多い。これは正しい方法なのだろうか。顧客と企業の観点で整理すると、同一アセットを活用した方がメリットを享受できる可能性がある。

企業側のメリットは、既存事業との差異化が容易に図れる点や、互いに干渉し合わない環境構築に加え、サブスク化により1日のユーザー数が把握しやすくなるため食材廃棄率や廃棄コスト、人件費をコントロールでき、1回ではなく継続して来店してもらえるため、より多くのメッセージを訴求でき、アップセルやクロスセルの要素をより訴求しやすい土壌ができる。一方、顧客のメリットは、既存事業と比較した場合だが、食材の原価率を高く設定できることにより、よい物が食べられ、会員のみの特別感を受けることができる。

第16章のまとめ

- 耐久財、半耐久財、非耐久財、サービス（無形商材）によって、サブスク事業を検討する際には留意する点が異なる。

- 耐久財で留意すべき点は「コスト構造」「デジタル化の潮流」「提供価値の再考」が挙げられ、特にリース資産としての資産管理や減価償却が求められる点が従来と異なるため、対策が必要である。

- 半耐久財で留意すべき点は「顧客の欲求、企業の思惑によるコスト圧迫」「長期利用できる仕組み化」「既存調達先以外の選択肢の検討」が挙げられ、特に顧客と企業の思惑の不一致は、新しい物を借り続けたい顧客ニーズと利用頻度が増えると収支が圧迫されることから、コスト管理を含めた設計を心掛けたい。

- 非耐久財で留意すべき点は「市場境界の定義」「自前のアフターサービス体制」であり、サブスク事業が既存事業のディスラプターにならないように、全社としての成長最大化に寄与する市場細分化が求められる。

- サービス（無形商材）で留意すべき点は「顧客への提供価値」「キャパシティー」「既存事業との共存可能性」が挙げられる。最もサブスク事業を始めやすい商材であることから、顧客に何を届けたいのか、顧客のどういった行動に寄り添うためのサービスなのかを明確にする必要がある。

第17章　販売特性

本章は販売特性についてまとめる。「モノ売りからサブスクへの移行」「レンタルからサブスクへの移行」が対象となるが、前者は本書全体を通して説明しているので、ここでは「レンタルからサブスクへの移行」について説明する。

まず、レンタル事業とサブスク事業の違いを整理しておく。レンタルは、不特定多数のユーザーに、基本的には短期間で、商材によって金額を変更して貸し出すことである。それに対してサブスクは、特定のユーザーに対し、中長期的に定額の料金にて貸し出すことである。いずれの場合も、所有権は企業側に帰属する。

17-1 レンタル事業からのサブスク化の留意点

17-1-1 サブスク・フィットのターゲットセグメントの明確化

レンタルとサブスクはほぼ同様のビジネスモデルであるため、既存事業のリソースや供給能力は活用可能である。レンタル事業では保有資産をいかに稼働させるかが収益化のポイントであるため、意識すべき点は、ターゲットセグメント、その顧客のニーズや課題の明確化である。

建設機械のレンタル企業を例に説明しよう。建設機械の顧客層は、大規模なゼネコンや中小の建設事業者、個人などのセグメントに区分できる。それぞれのセグメントのニーズを明確にし、個々のニーズごとにレンタルとサブスクのどちらが適しているかを明確にすることで、それぞれの注力ポイントを強化していくことができる。サブスクとレンタルの違いは、サブスクはクロスセルの要素が高いことだ。レンタルだと都度見積もりになるので、「使うかどうか分からない物は借りない」という思考が働きやすい。

一方サブスクだと、継続的な取引があるので、例えば機材のアタッチメント部品やケーブル、ポンプなどの付属品、保険などを併せて提案しやすくなり、それらの提供価値が誰に一番刺さるのかを検討する余地がある。また、サブスクによる新たな取り組みの姿勢を対外的にアピールしていくことが企業のブランドイメージにつながり、外に対してつながりが増えることでより多くの情報が集まる利点もある。

17-1-2 既存レンタル事業とのカニバリゼーション調査、計測の仕組み化

レンタル事業を行っている企業がサブスクを導入する際、カニバリゼーションの発生が一番の留意点である。そのため、レンタルとサブスク事業を展開した際にそれぞれの想定顧客層に対してどの程度のカニバリゼーションが発生するのか、事前に調査スキームを構築する必要がある。レンタルやサブスクはモノ売りよりも顧客データを取得しやすいため、どちらの事業で囲い込むべきかターゲット顧客の設計を行い、定期的にどちらを利用しているのかを調査、計測を繰り返していくことも必要だ。もし仮にレンタルの方が向いている顧客がサブスクを利用しているのであれば、より適切な方へナビゲーションすることで、両事業での顧客囲い込みが強化できる。

17-1-3 競合サブスク事業との差異化要素の明確化

レンタル事業は商材での差異化が難しく価格やサポート体制での競争になるので、競合他社が安価な価格設定を行った場合は顧客の乗り換えが避けられない。サブスク事業は価格や納期、商材にコミットするため、レンタルと比べると中長期での顧客囲い込みが実現できる。ただし、競合他社が同様のサブスク事業を展開した際を想定し、差異化要素の検討を事前に行っておく必要がある。

例えば、サポート体制による付加価値化とデータ活用が挙げられる。先に説明した建設機械のレンタル企業の場合、サポート体制は既存のレンタル事業のサポートを転用することが可能だ。利用頻度が上がることにより顧客がどのような工事現場でどういった方法・頻度で利用しているのかを把握してデータ活用できれば、顧客に合わせた建設機械提案につなげることができる。建設機械の利用データの所有権はレンタル企業に帰属するため、顧客の利用状況だけでなく、機械の稼働率や給油タイミングの把握、建機の最適配置など、より建設機械を利用する際の利便性向上につなげられる可能性がある。

第17章のまとめ

- レンタル事業とサブスク事業はともに稼働率が重要となるビジネスモデルのため、既存事業のリソースや供給能力を容易に活用できる。

- 両事業において同じ顧客を食い合わないためにも「サブスク・フィットのターゲットセグメントの明確化」「既存レンタル事業とのカニバリゼーション調査、計測の仕組み化」「競合サブスク事業との差異化要素の明確化」に徹底して取り組むことが求められる。

第5部

事例紹介

ここまで、サブスクの失敗要因と成功策について解説してきた。最後の第5部では、実際の事例を通じて、それらの内容の理解を深めていく。紹介するのは以下の２社である。

事例1 株式会社KINTO　クルマのサブスク「KINTO」を展開
事例2 THK株式会社　製造業向けIoTサービス「OMNIedge」を展開

実際の企業がどのようにしてサブスク事業を成功に導いてきたのか、これまで紹介した失敗要因をどう回避したのかを明らかにしていく。なお、取材は2021年7～9月に実施したもので、掲載されている内容は取材当時の情報である。

第18章 事例1 KINTO

「KINTO」は、株式会社KINTOが提供する、最新モデルのクルマに月額定額料金で乗ることができるサブスクサービスである。株式会社KINTOは、トヨタ自動車の自動車販売金融サービスなどを展開する金融会社を統括しているトヨタファイナンシャルサービスを母体とした、住友商事、三井住友フィナンシャルグループ、住友三井オートサービスとの合弁会社である。

KINTOでは、トヨタ自動車の新車を「月額定額」で利用できる。これまでクルマを所有する場合、頭金、登録諸費用、毎年の自動車税といった金銭面の負担や、定期メンテナンス、任意保険などの手続き面の負担が避けられなかった。KINTOでは、これらをすべてワンパッケージで提供することで、ユーザーの負担を軽減している。さらに、店頭だけでなくWebからも申し込みや手続きが可能であり、クルマを利用する際のハードルを下げている。メンテナンスや修理などのアフターサービスは、トヨタ・レクサスの正規販売店が実施している。

サービスプランは、新車に乗れる「KINTO ONE」と、レクサス車が楽しめる「KINTO FLEX」(2021年4月より新規申込受付停止中)の2つが用意されている。また、2021年5月より割安な手数料で新しいプランに乗り換えが可能な「のりかえGO」が追加されている。

KINTO副社長執行役員CSOの本條聡氏に、サービスの企画から現在までの活動について取材を行った。本章では、取材を基に、同社が

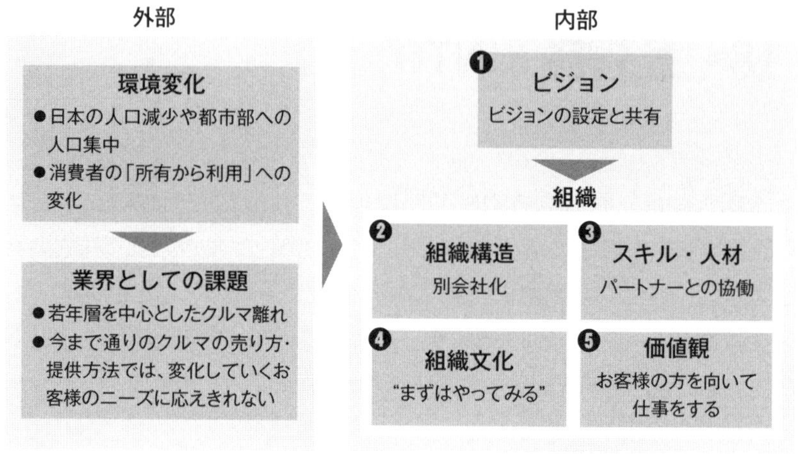

図表18-1　本章の構成
出所：筆者

失敗要因をうまく回避した「5つのポイント」に絞って解説する（**図表18-1**右の①～⑤）。

18-1 ポイント①ビジョンの設定と共有

18-1-1 KINTOのビジョン

「若年層を中心にクルマ離れが進んでおり、日本の人口減少や都市部への人口集中など、外部環境も変化しています。今まで通りのクルマの売り方、提供の仕方では、変化していくお客様のニーズに応えきれないという危機感があります。『買うのではなく、必要なときだけ利用する』というお客様ニーズに応えていくことが我々の使命と捉えています」（本條氏）

こうしたことを踏まえて設定されたKINTOのビジョンはこうだ。

「KINTOは、顧客目線のモビリティプラットフォーマーとなることをビジョンとして創業しました。クルマを手に入れる際の選択肢をお客様のニーズに合わせて増やし、お客様目線で新しいモビリティサービスをつくることにチャレンジしました。サブスクはその一つです」（本條氏）

サブスク事業を立ち上げることが目的ではなく、新しいモビリティサービスを実現することがビジョンであり、その手段としてサブスク事業を立ち上げたのだ。サブスク事業に限らず新規事業を検討する際には、その事業をなぜ検討するのか、事業が拡大した先に目指す姿は何かというビジョンを定めることが大切である。

ビジョンを設定して周囲と共有することのメリットは何だろうか。まず、サブスク推進メンバーにおいては、明確な将来像を示すことによるモチベーション向上や、判断軸の明確化による意思決定のスピードアップが期待できる。社内の他部門からは、ビジョンの共有により共感を獲得することで、既存事業で使われている実店舗や販売員、事業検討におけるプロセスなどの知識、経験を借りやすくなる。同様に社外のパートナーからも、社内にないリソースやノウハウを獲得しやすくなる。

「サブスクでいくらもうかるという話ではなく、自動車の新しいサービス提供についてチャレンジをしていくというKINTOの大きなビジョンに周囲から理解を得ることができ、協力していただくことができました」（本條氏）

検討当初は、トヨタ社内からサブスク事業に対する疑問の声もあったようだ。

「販売店からは、『今までサブスク以外の売り方でトヨタのクルマを世の中に提供してきた。いきなり新しい売り方と言われてもよく分からない』という反応もありました」（本條氏）

では、このような周囲の反応に対してどのように対処したのだろうか。本條氏は、周囲の反応に丁寧に耳を傾け、ビジョンを共有した上で、協働してお客様のニーズに応えていくことが大切だと考えていることを説明し、理解を得たと話す。

「検討当初から、サブスク事業を成功させるには販売店との協業が大切だと考えていました。お客様との接点をいかにつくるか、そしてどう接点を強化していくかが重要だということです。クルマは手にしてから整備・点検など、多くのイベントが発生します。その際、販売店が持っているお客様とのリアルな接点は必要になりますので、販売店と協力してお客様ニーズに応えていく必要があると説明しました」（本條氏）

自社の発展だけを考えたビジョンではなく、業界全体を俯瞰するビジョンを設定し、周囲と共有しながらサービスを構築している。これは極めて重要である。

18-1-2 ビジョンの設定と共有で回避できた失敗要因

KINTOのビジョン設定が、第4部までで解説した失敗要因をどのように回避しているのかを解説する（**図表18-2**）。

失敗要因②
「サブスク導入」が目的になっている

失敗の構造

- サブスクはビジネス上の目的を達成するための手段であり、それ自体が目的にはなり得ない
- サブスク導入が目的化すると、本来検討すべき事項が疎かになり、サブスクの失敗をもたらす

成功策

- サブスク事業が自社にとってどのような意味を持つのかという「意味付け」を行う

KINTOの取り組み

ビジョンの設定

- **明確にビジョン（目的）の設定、意味付けを行いサブスク導入の目的化を防いだ**

目的設定：顧客起点型

「お客様目線で新しいモビリティサービスをつくることにチャレンジしました」
という、顧客起点型での目的設定

意味付け：理念起点型

「お客様ニーズに応えていくことが我々の使命」
という、理念起点型の意味付け

失敗要因⑥
既存事業と競合している

失敗の構造

- 既存事業との間で、「資源」「プロセス」「価値基準」において不整合が発生する
- 「資源」は、比較的組織間での共有がしやすいが、両者の納得感がない場合は成立しない

成功策

- サービス構築に関わるステークホルダーと適切なコミュニケーションを図り、企画の意義に対する納得感を高める

KINTOの取り組み

ビジョンの共有

- 販売店との関係を重視していたため、**しっかりとビジョンを共有し、共感を獲得することで納得感を持って協業体制を構築した**

図表18-2　「ビジョンの設定と共有」と失敗要因の関係
出所：筆者

「失敗要因②『サブスクの導入』が目的になっている」を防ぐ

第7章で、サブスクはビジネス上の目的を達成するための手段であり、それ自体が目的にはなり得ないことを解説し、企業がサブスク事業を始める目的は「戦略起点型」「顧客起点型」「打ち手起点型」の3分類あることを説明した。KINTOの場合は、「クルマを手に入れる際の選択肢をお客様ニーズに合わせて増やし、お客様目線で新しいモビリティサービスをつくることにチャレンジしました」ということから

分かるように、「顧客起点型」の目的である。

サブスク導入の目的化を防ぐための成功策として、「理念起点型」「チャネル変革型」「競合追随型」の3つの「意味付け」を紹介した。KINTOでは、「お客様ニーズに応えていくことが我々の使命」との発言から分かるように、自社のミッションにひも付けて意味付けがされる「理念起点型」を進め、サブスク導入の目的化を防いでいる。

「失敗要因⑥既存事業と競合している」を防ぐ

第11章では、上司からの指摘や関連部門との調整に追われる要因として、サブスク事業が既存事業の競合になり得ることを解説した。既存事業は「資源」「プロセス」「価値基準」で成り立っており、そこに新規事業を持ち込むと不整合が発生する。ただ「資源」に関しては、既存事業の人材、設備、技術などをサブスク事業と共有できることが多く、実際に共有するには、既存事業からの理解や共感が必要であり、ビジョンを共有することが欠かせない。

KINTOにおいては、「販売店と協力してお客様ニーズに応えていく」というように販売店との関係を重視し、そのリソースを生かすことがサービス提供における重要な要素と理解していた。そのため、販売店とビジョンを共有し、共感を獲得することで、現在のサービス提供体制を構築したのである。

18-2 ポイント②別会社化

18-2-1 株式会社KINTOという独立した存在

設立1年後くらいに、KINTOと同時期からサブスク事業を検討していた別業界の会社と情報交換をする中で、

「『会社の1事業としてサブスク事業を検討していると社内決裁を取るのに時間がかかり、スピーディーに検討ができない』という話を聞き、別会社化がサブスク事業には適しているのではないかとあらためて実感しました」（本條氏）

KINTOはトヨタから独立した事業体として立ち上げ、会社設立から半年後には全国でサービスを開始することができた。

別会社化による最大のメリットは、既存事業の意思決定プロセスから独立した決裁権限を持つことで、意思決定のスピードが速まることだ。サービス検討から提供開始までの期間短縮だけでなく、サービス改善においても迅速な対応が可能になる。

一方で、初めから別会社化ありきで検討することだけが正解ではない。「やりたいことに覚悟ができていない状況であれば、社内事業としてやる方がいいと思います」と本條氏は語る。いくら別会社として独立した決裁権限を持ったとしても、ビジョンを実現させる覚悟がないことには事業検討は前には進まない。新規ビジネスのビジョンと、それを実現させる覚悟があるからこそ、別会社化して事業検討することが効果的な手段になり得るのだ。

別会社という“箱”を作っても実際に働くのは人である。そこで、どのような人材を集めるべきなのかにも触れておきたい。

「主体的に行動ができ、会議などで意見を出す積極性や情熱、粘り強さなどのマインドも持ち合わせている人材を集めました」（本條氏）

新規事業は答えや前例のない課題にぶつかる機会が多いため、常に主体的に考え動ける人材が向いている。また、常に成功が約束されているわけではなく、試行錯誤を繰り返して学ぶことが重要なため、粘り強さなどのマインドを持ち合わせているとなお良い。社員のマインドという観点では、モチベーションコントロールも欠かすことができない。

「現在、当社は8割がプロパーの社員。様々な業界から人が集まってきていて、バックグラウンドも年齢もバラバラです。その社員をまとめるために、ビジョンを共有し、みんなで頑張ろうという意識統一を行っています」（本條氏）

ポイント①で挙げたビジョンの設定と共有によって、全員が同じ方向を向けるようにしている。このように意識統一を行うことは、別会社の設立で事業を進める場合だけでなく、既存組織で事業検討を行う際にも有効な手段である。

18-2-2 別会社化で回避できた失敗要因

別会社化が、失敗要因をどのように回避しているのかを解説する（図表18-3）。

失敗要因①
位置付けが「既存事業の延長」になっている

失敗の構造

- 既存事業で構築した強靭な業務プロセスや評価指標が、不確実性が高く、頻繁に仮説検証を繰り返す必要がある新規事業の検討においては足かせとなる

成功策

- 「新規事業の立ち上げ」というスタンスで検討する
- 既存事業の「引力」に負けないような組織づくり

→経営層は、サブスク事業チームを別会社として立ち上げ、意思決定の独立性を持たせつつ、既存事業部門との調整を支援する

KINTOの取り組み

別会社化

- **経営層の意思決定として別会社化を実行した**

ネガティブチェックを繰り返し前に進めない状況を回避した

失敗要因⑥
既存事業と競合している

失敗の構造

- 既存事業との間で、「資源」「プロセス」「価値基準」において不整合が発生する
- 部門間をまたいだ業務プロセス策定では、役割分担や機能要求が曖昧になり、営業・販売部門では、売上計上基準が変わるため、評価指標の見直しが必要となる

成功策

- 既存事業組織とは異なる価値基準を持つ自律的な組織で対応する

KINTOの取り組み

別会社化

- 株式会社KINTOとして、既存事業組織とは異なる価値基準を持つ**自律的な組織（新規事業開発組織）でサブスク事業を立ち上げた**

図表18-3　「別会社化」と失敗要因の関係
出所：筆者

「失敗要因①位置付けが『既存事業の延長』になっている」を防ぐ

既存事業の延長と位置付けると、既存事業で構築した強靭な業務プロセスや評価指標が、新規事業の検討においては足かせとなってしまう。別会社として立ち上げるという経営層の意思決定が、サブスク事業検討を強力に後押ししているのだ。

「失敗要因⑥既存事業と競合している」を防ぐ

ポイント①でも登場した失敗要因であるが、別会社化もこの失敗要因への対応策になっている。第11章では、自律的組織で対応するという成功策を解説した。この手段の一つが別会社化であり、KINTOにおいても既存事業組織とは異なる価値基準を持つ組織でサブスク事業を立ち上げたといえる。

18-3 ポイント③パートナーとの協働

18-3-1 KINTOにおける協働

KINTOは事業の構想段階から、自社のみでなくパートナー企業と手を組むことが前提だったという。

「サブスク事業を立ち上げようと考え始めたときに、パートナーになっていただけそうな企業に声をかけました。そこで賛同いただいた企業と“チームKINTO”をつくり、会社設立の準備をしました」(本條氏)

協働を前提としてサービスを構築するメリットは、自社では持ち合わせていないリソースを早期に獲得できる点である。さらに、どのようなリソースを獲得したいかも重要である。

「サブスク事業を進めていく上で、リースというのが重要な役割、機能になると考えており、その分野にノウハウを持つ企業と手を組みたいと考えていました」(本條氏)

個人向け自動車販売のノウハウはグループ内にあったが、KINTOのサブスクはリースを応用して設計しており、その点のノウハウを住友三井オートサービスが補うかたちで商品やサービスの設計に生かされている。

振り返ってみて、サービス構築において良かったと思う点についても、本條氏はパートナーとの協働を挙げる。

「サービス設計に当たって、他社に協力を得て業務設計できたことは良かった点の一つです」（本條氏）

KINTOでは、保険会社と連携しており、KINTOオリジナルの保険をサービスに付帯している。パートナーとの協働により獲得したリソースをサービス設計に生かし、お客様のニーズに応えてきた。

18-3-2 パートナーとの協働で回避できた失敗要因

パートナーとの協働が、失敗要因をどのように回避しているのかを解説する（**図表18-4**）。

「失敗要因⑤サービス事業開発の仕組みがない」を防ぐ

第10章では、サービス事業開発の仕組みがないという失敗要因を、「プロセス」と「ゲート」の観点で解説した。KINTOの事例をそれぞれの観点で考察する。

「プロセス」の観点では、モノ売りの事業開発プロセスはあるが、サービスの事業開発プロセスがない場合に位置付けられる。現在まで自動車を販売するビジネスモデルだったものにサービス売りのモデルを追加したかたちである。「ゲート」の観点では、プロセスと同様に、サービス事業については経験則がない状況だったといえる。

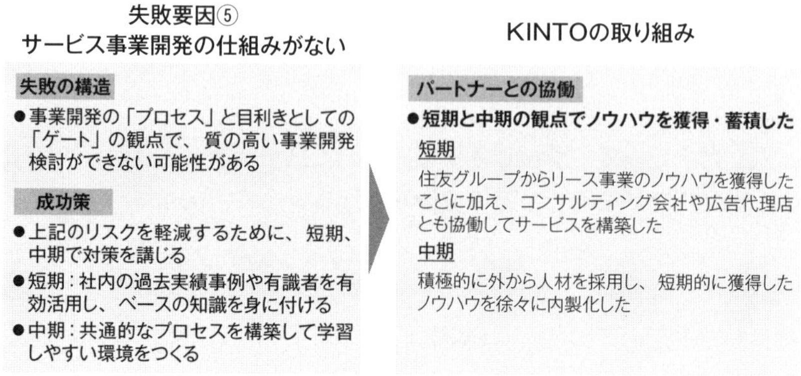

図表18-4　「パートナーとの協働」と失敗要因の関係
出所：筆者

この状況下で、短期の対策として、社外リソースの活用と新たなリソースの獲得を実施していた。住友グループからリース事業のノウハウを獲得したことに加え、コンサルティング会社や広告代理店とも協働してサービス構築を行ってきた。注目したいのは、中期の観点も押さえている点だ。

「デジタル領域の人材について、初めは外部の企業の協力を得ました。しかし、それでは自社内にノウハウが蓄積しないことに気づき、外から人材を募り、その人材を軸に知見やノウハウをためていく方針に変えました。現在では、大半の開発を内製化しています」（本條氏）

短期的に獲得したノウハウを徐々に内製化することで、集約と蓄積を行い、自社の競争優位性につなげている。

18-4 ポイント④"まずはやってみる"

18-4-1 失敗を恐れないマインド

新規事業を検討する際は、マーケティング調査を実施し、検討しているサービスがどの程度ユーザーに許容されるのかを見極めるのが基本である。しかし、クルマのサブスクには先駆者がいなかったため、業界のトップバッターとして挑む他なかった。

「そもそもクルマのサブスクという概念がなかったこともあり、事前のマーケティング調査にはあまり力を入れませんでした。『まずはやってみる』ということに集中して、小さくてもお客様にサービスを提供して、お客様の声を基にここまで進化させてきました」（本條氏）

前例がなく、どのような反応がお客様から返ってくるか分からない状態であったため、「まずはやってみる」ことでお客様の声を拾いにいった。この精神は、KINTOの小寺信也社長から発信されて社内に根付いている面もあるという。

「『高速でPDCAを回すんだ』と小寺社長にはよく言われています。こうだと思ったことはとりあえずやってみる。もちろん、失敗することもありますが、失敗と分かればすぐにやめて、前に進むことが大事だと思っています」（本條氏）

会社のトップからトライ＆エラーを繰り返せとメッセージが出されることで、社員は失敗を恐れることなく、挑戦し続けることができるようになる。

18-4-2「まずはやってみる」で回避できた失敗要因

失敗要因をどのように回避しているのかを解説する（**図表18-5**）。

「失敗要因⑨進化モデルの視点がない」を防ぐ

第14章では、サブスクは永遠のβ版であり、サービスの磨き上げが重要であることを述べた。まさにこのサービスの磨き上げを行う上で大切なことが、「まずはやってみる」という姿勢や、高速でPDCAを回すことである。KINTOは、当初契約期間として3年プランのみだったが、5年と7年のプランを追加したり、「のりかえGO」などの新プランを追加したりと、顧客ニーズに合わせてサービスを磨き続けている。

移動手段としてのクルマの提供に限らず、「どこかに行く」という移動目的という視点で2021年4月から展開しているのが「モビリティマーケット」である。これは、移動の楽しさ・安心・快適につながるサービスをそろえたオンラインプラットフォームで、KINTOの契約者は特典として、例えばキャンピングカーを利用したワーケーショ

失敗要因⑨
進化モデルの視点がない

失敗の構造

- 提供プランや提供価格の見直しなど、リリース後の磨き上げやプロダクト、サービスのアップデートを行わないと顧客が離脱し、サービスとしての継続が困難になる

成功策

- リーンスタートアップのように、最低限のサービスで顧客の受容性を判断し、サービスを改善して再度顧客に提供する

KINTOの取り組み

まずはやってみる

- サービス提供開始時は**最低限の内容でスタート**した。その後、**お客様の声を基に、契約期間のラインアップ拡充や「のりかえGO」などのプラン追加を行った**

図表18-5　「まずはやってみる」と失敗要因の関係
出所：筆者

ンなどのサービスを利用することができる。お客様目線での改善は、プランの変更に限らず周辺サービスの拡大においても重要である。

18-5 ポイント⑤お客様の方を向いて仕事をする

18-5-1 誰のためのサービスなのかを考える

どのようなビジネスにおいても言えることだが、新規事業を検討する際にも、誰のためにつくるサービスなのかを忘れてはいけない。社内を向いて仕事をすると、不要な忖度や社内調整に時間を取られ、行うべき検討に割く時間が取れず、お客様のニーズとは違う方向に検討が進む可能性があるからだ。

お客様のニーズをしっかりと拾うことは、サービス継続にとって重要な収益性にもつながる。

「サブスクという新しいプロジェクトなので、まず仕組みを作って、その規模を拡大することが大切だと考えています。規模が拡大すれば、利益はあとからついてくるというのが基本的な考え方です」（本條氏）

「利益が出るのか」を先に考えるのではなく、仕組みを作り、それを大きくすることを重要視している。KINTOでは、サブスク事業における最重要KPIを「新規申込者数」に設定した。KINTOというサービスに限らず、クルマのサブスクという概念も含めてお客様にどのくらい受け入れられるのかを見るための指標である。そのKPIを達成するには、当然、お客様ニーズに応えるサービスをつくる必要がある。社内向きの仕事ばかりに時間を取られ、お客様の声を拾うことが後回しになってはいけない。

お客様の方を向き、ニーズを拾うことが重要であることは前述の通りだが、どのように拾うかもまた重要である。

「サービス改善で重要視しているのは、お客様とどのように接点を持つか、どのようにお客様の声を拾うのかという点です。販売店でのリアルな接点はもちろん、初期は外注していたカスタマーセンターも今は内製化して、より声を拾いやすい体制にしています。お客様から頂いたご意見を基にサービスを改善しているのです」（本條氏）

お客様の声を拾いやすい環境を構築することにこだわっているとのことだ。さらに、拾った声をどのようにサービスに反映させるかという点については、こうも語っている。

「社内の承認を得ることよりも、お客様の声をどう具体的にサービスに落とし込むかの方が壁は高いです」（本條氏）

社内調整に割く時間はなく、いかに多くの声を拾うか、その声をサービスに反映させ支持を集めるかが重要なのだ。

18-5-2 お客様の方を向くことで回避した失敗要因

失敗要因をどのように回避しているのかを解説する（**図表18-6**）。

「失敗要因⑦収益性を軽視している」を防ぐ

第12章では、サブスク事業は新規事業であるため、収益性を考えることが重要であると述べた。また、収益性から落とし込んだKPIの

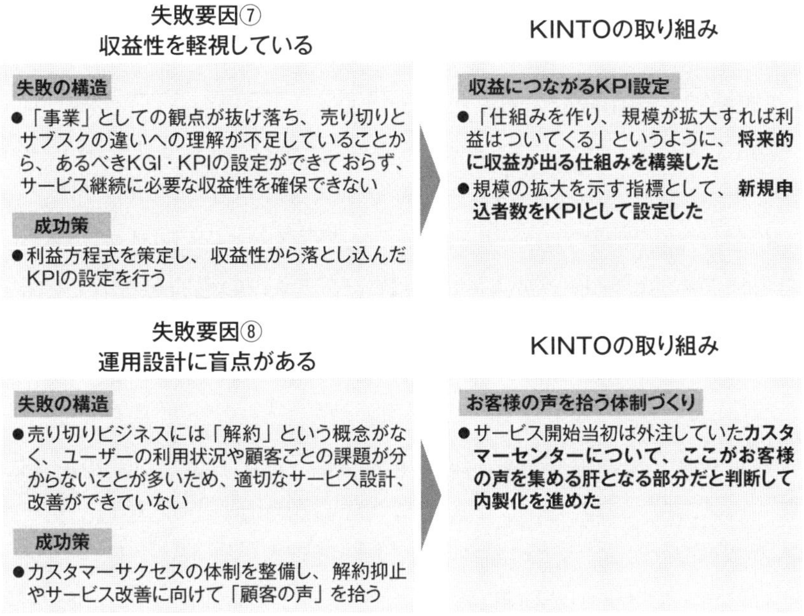

図表18-6 「お客様の方を向いて仕事をする」と失敗要因の関係
出所：筆者

設定が重要であり、その手段として利益方程式の策定をお勧めした。KINTOでは、この点がしっかりと押さえられていた。

利益方程式のすべてを取材できたわけではないが、「仕組みを作り、規模が拡大すれば利益はついてくる」という話から、収益性度外視で事業検討を行ってきたわけではなく、将来的に収益が出る仕組み（ビジネスモデル）を構築し展開していることがうかがえる。

また、規模の拡大を示す指標として、新規申込者数をKPIとして設定している。まさに収益性から落とし込んだKPI設定となっており、

「継続率」や「顧客満足度」のみを重視する失敗要因を回避している。

「失敗要因⑧運用設計に盲点がある」を防ぐ

第13章では、サービス改善の重要性を解説し、アップセル・クロスセルの仕組み構築やカスタマーサクセス体制整備などを成功策として紹介した。KINTOでは、アップセル・クロスセルとは少し異なるが、お客様の声を反映し、契約期間の複数化やプランの追加を行っている。

また、お客様の声を拾う体制づくりという観点では、サービス開始当初は外注していたカスタマーセンターについて、ここがお客様の声を集める肝となる部分だと判断して内製化を進め、集まった声を基にサービス改善を実践しているという。売り切りからサブスクに移行する際に必要となる、顧客関係の維持という観点でサービス設計、改善に着目し、失敗要因を回避している。

18-6 KINTOの今後について

「今のようにクルマのサブスクが認知されている状態になるまでにトヨタだけが努力してきたわけではありません。他社もサブスクに力を入れてきたからこそ今の状態があります。他社とも一緒に業界をさらに盛り上げていきたいです」（本條氏）

続けて今後の展望について、次のように語ってくれた。

「お客様のニーズにもっと応え、KINTOを選んで良かったと思っていただきたいです。モビリティマーケットも近々100商品くらいまで増やしていきたいと思っています。ただ、これこそKINTOだけでできることではなく、パートナーさんと『こういう想いで一緒にやりませんか』というビジョンを共有して実現したいと考えています」(本條氏)

クルマを手にするまでだけでなく、手にした後についてもクルマの“利用”による暮らしの向上を実現していく。その前提として、やはりパートナーとの協力やビジョンの共有は欠かせない。

「サブスク事業においても、今年『モリゾウセレクション※』のサービスを開始したが、引き続きお客様一人ひとりにパーソナライズしたサービスを提供していきたいと思います。具体的には、今まではクルマに関する新しい技術を手に入れるには、クルマ自体を買い替えることが前提でした。ただ、今後はクルマを買い替えなくてもその技術が手に入るようにしたい。iPhoneの本体が変わらなくてもOSがアップデートしていくようなイメージで、サービスをアップグレードしていきたいと思っています」(本條氏)

※お客様一人ひとりに合わせて最新のソフトウエアを反映させていく新商品。技術革新に合わせて最新のソフトウエアを反映し、クルマの「走る」「曲がる」「止まる」という基本性能を最適化するアップデートを提供している。併せて、お客様の走行データを基に、一人ひとりに合わせてソフトウエアをカスタマイズするパーソナライズの検討も進めている。

取材の最後の言葉はこうだ。

「まだ成功したとも失敗したとも思っていません。道半ばであり、富士山でいうと2合目くらいの感覚。お客様のニーズに応えるためにまだまだやらないといけないことがあると思っています」(本條氏)

今後のKINTOのサービス展開を通じて、クルマのサブスクの未来を見届けたい。

第18章のまとめ

- KINTOの事例は、業界にサブスクサービスの先駆者がいない状況で、業界全体が抱える課題にアプローチするために検討が開始された事例である。

- サブスク事業化を目的としないビジョンの設定からサービス改善や組織体制までサービス提供に関する検討が網羅的に行われ、各検討プロセスで失敗要因をうまく回避している。

- 失敗要因を回避したノウハウは、どのような業種・規模の企業においても転用可能なものである。

第19章 事例2 THK

THKは、それまで困難といわれてきた機械の直線運動部をボールのころがりによる運動（ころがり化）とする独自の技術を開発し、1972年「直線運動案内（Linear Motion Guide – LMガイド）」として世界で初めて製品化した企業である。国内シェア70%、世界シェア50%を誇るLMガイドの他、ボールスプライン、ボールねじ、電動アクチュエーターなどを開発・生産し、世界へ供給している機械要素部品のトップメーカーである。近年はLMガイドにとどまらず、次世代ロボット、免震システム、再生可能エネルギー、輸送機器など、新技術や事業開発を積極的に拡大してきた創造開発型企業である。現在は、IoTを活用した予兆検知サービス「OMNIedge（オムニエッジ）」をサブスクとして提供している。

まず、THKの主力製品である「LMガイド」について簡単に触れておこう。機械の運動部は回転運動と直線運動の2つに大きく分けられる。いずれも当初はすべり案内であったが、摩擦抵抗が小さいころがり案内への置き換えが期待されていた。回転運動は、19世紀における実用的な「ボールベアリング」の発明により、機械の回転運動の大部分がボールのころがりによる運動（ころがり化）へと置き換えられ、大きな技術革新がもたらされた。一方で、直線運動部のころがり化による技術革新は遅れていたが、同社はそれを独自の技術により実現し、「LMガイド」として製品化に成功した。これにより、メカトロニクス機器の高精度化・高速化・省力化など、機械性能を飛躍的に向上させた。

THKの「LMガイド」を取り付けることにより、工作機械、産業用ロボットは超精密な作業が可能になり、半導体製造装置もサブミクロン単位の精度を実現している。最近では、液晶製造ライン、鉄道車両、福祉車両、医療用機器、物流倉庫、高層ビルや住宅、アミューズメント機器などにも使用されており、直線運動が組み込まれる機械において、なくてはならない製品として浸透している。

この「LMガイド」をはじめとした機械要素部品に取り付け可能なIoTセンサーと、機器の故障予兆検知が可能なクラウドサービスを一体化させたサービスが「OMNIedge」である。機械の故障予兆検知を目的としたIoTセンサーについては、既に一定の市場が形成されており、競合製品も多数出ている状況であるが、この分野においてサブスクでサービスを提供している企業としては、同社が先駆者である。

OMNIedgeは、製造現場で稼働している機械要素部品（LMガイド、ボールねじ、アクチュエーター）にIoTセンサーを取り付け、状態を

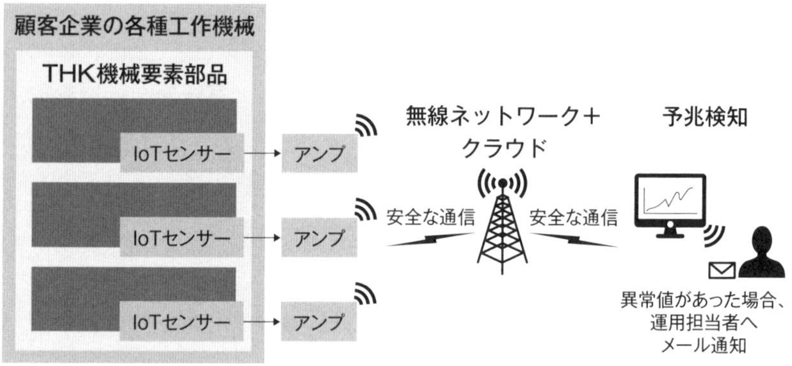

図表19-1　OMNIedgeイメージ図
出所：THK HPより筆者作成

数値で見える化することで、機器の振動データなどから故障につながる予兆検知を行い、設定したしきい値を超えると担当者にメールで通知されるサービスである（**図表19-1**）。料金は月額8,000円からで、センサー、通信費、アプリケーション使用料などがパッケージとして提供される。既に稼働している機器に簡単に設置することができ、本来多額の初期コストがかかるセンサー類を安価に導入でき、さらに、属人化しがちな設備保全業務を数値で見える化できるという点で、メリットがあるサービスとなっている。

サービスローンチは2020年1月であり、コロナ禍により同年の3～8月に営業訪問が大幅に制限された影響が今も続いているものの、着実に顧客規模を拡大しており、センサーの設置対象製品の追加や、機械停止リスクに備える補償サービスの追加など、サービス拡充についてもタイムリーに実施している。筆者らは、この「OMNIedge」の企画からサービスローンチ、そして現在に至るまで一貫してご担当されてきた、IOTイノベーション本部　本部長　坂本卓哉氏に取材を行った。本章では、取材を基に、同社が失敗要因をうまく回避した4つのポイントである、「組織（クロス・ファンクショナルな事業立ち

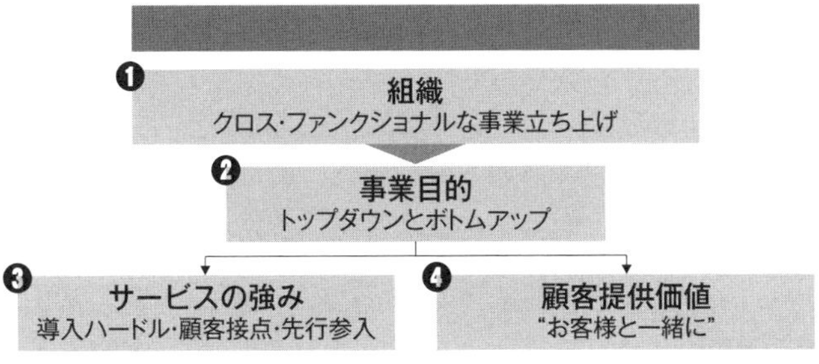

図表19-2　本章の構成
出所：筆者

上げ)」「事業目的（トップダウンとボトムアップ）」「サービスの強み（導入ハードル・顧客接点・先行参入）」「顧客提供価値（“お客様と一緒に”）」に絞って解説する（**図表19-2**）。

19-1 ポイント①新規事業としてのサブスク

19-1-1 クロスファンクショナルな事業立ち上げ

OMNIedgeの企画がスタートした当初、どのような検討体制が組まれていたのか。

「現在はIOTイノベーション本部が専任部署ですが、それ以前は企画、マーケティング、開発など、各部門横断でプロジェクト的に取り組んでいました。製品開発も、一つのものをプロダクトアウトで長い時間検討して出すというよりも、お客様の声を聴きながら市場のニーズを捉えて変えていくというやり方で検討していました。2020年1月のローンチに際して、なるべく早く現場の声をフィードバックし、サービス改善のサイクルを回していくことを目的として、企画、開発、営業を一つにしたIOTイノベーション本部が立ち上がりました」（坂本氏）

新規事業開発においては、新規事業部門の担当者がアサインされるものの、事業立ち上げを目的としたチーム組成がされないために関係部門の協力が得られず、検討スピードが遅くなる、あるいは既存事業の業務フローを維持しながら新サービスを立ち上げざるを得ない、というパターンが見受けられる。THKの場合、新規事業立ち上げに必要とされる役割を担うであろう組織から、最適なスキルセットを持つメンバーがアサインされ、プロジェクトとして立ち上げられており、この点で既に既存事業の延長ではなく、新たな事業として検討組織が立ち上げられていることが分かる。企画段階では開発部門のメンバーを含め10～20人、サービスローンチ後は100人弱の体制で推進されている。

各部署間の調整については、「トップダウンに関しては、経営層からミッションとして号令があって動いているので、開発を含め、各部門のメンバーに動いてもらいやすかったと思います」（坂本氏）。こうした複数の部署をまたぐ調整が必須となる新規事業の検討においては、部署間の調整が難航するケースが多いが、今回は経営層の号令が現場の調整に際して有効に働いた例である。

では、サービスを立ち上げるうえで具体的にどのような調整が発生したのだろうか。THKの場合、代理店なども通じて過去50年にわたってLMガイドを販売しており、営業部門と顧客との間には、長年かけて築き上げてきたつながりがある。今回のIoTサブスクの立ち上げにより、その関係性に新たな要素が追加されることもあり、現場レベルでの調整が発生したという経緯がある。

「従来のLMガイドの販売ではマシンビルダーのご担当者様がメインターゲットでしたが、IoTサブスクはマシンユーザー様になるため、提案する対象セグメントが異なります。これはビジネススタイルの変革を推進する中で、あえてポートフォリオを広げる方針があったためです。また、本社とお客様が直接接点を持つ営業スタイルとなるため、この点についても社内外の関係者に対して丁寧に説明し、ご理解を得ました」（坂本氏）

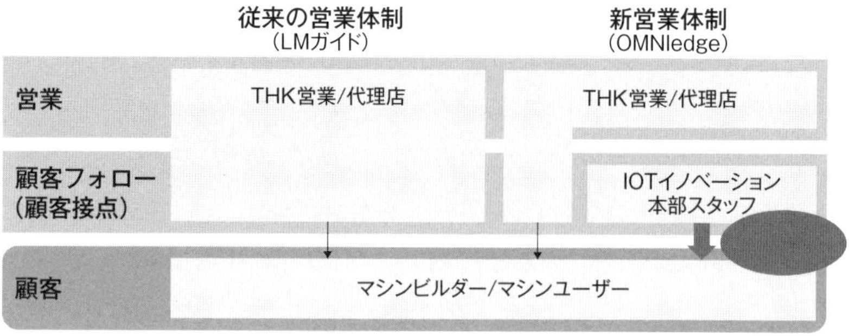

図表19-3　営業体制の変化
出所：筆者

サブスクで提供する製品はIoTセンサーであるため、既存事業であるLMガイドと製品は異なるが、販売チャネルという面では既存のチャネルを活用するビジネスモデルとなる。また、顧客との関係性については、サブスクで提供する以上、IOTイノベーション本部スタッフが顧客との直接接点を持つ比重が高くなる（**図表19-3**）。これは、他のサブスク事業においても直面する可能性の高い課題である。

19-1-2 新規事業としての立ち上げで回避できた失敗要因

ここで、一連の事業企画立ち上げプロセスが、第３部で解説した失敗要因をどのように回避しているか解説する（**図表19-4**）。

「失敗要因①位置付けが『既存事業の延長』になっている」を防ぐ

第6章では、サブスク事業を「既存事業の延長」と捉えると失敗すること、また、売り切りとはビジネスモデルが異なり、「新規事業の立ち上げ」として臨む必要があることを提示した。特に、既存事業の「引力」に負けない組織をつくるということが、新規事業を軌道に乗せるポイントとなる。この点については、

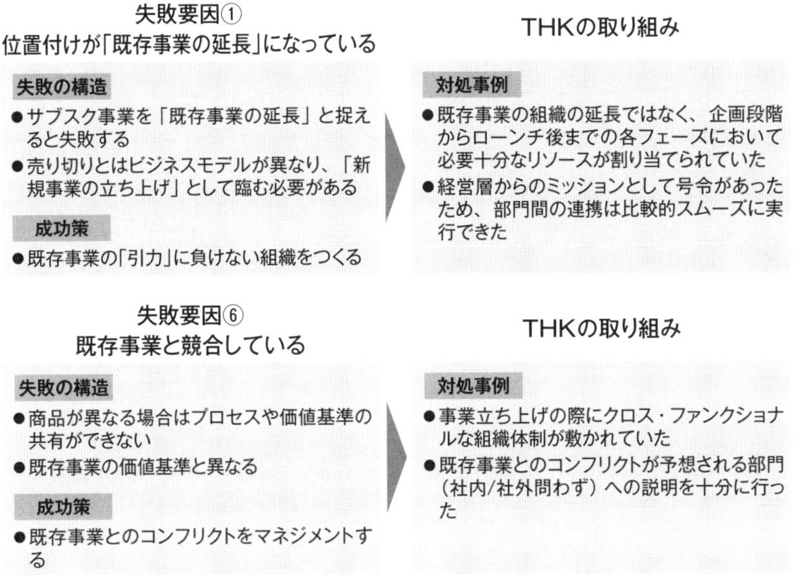

図表19-4　「新規事業としてのサブスク」と失敗要因の関係
出所：筆者

- 既存事業の組織の延長ではなく、部門横断の検討体制が組まれ、企画段階からローンチ後までの各フェーズにおいて必要十分なリソースが割り当てられていた点
- 経営層からのミッションとして号令があったため、部署間の連携は比較的スムーズに実行できた点

以上2点が、失敗要因をうまく回避できたポイントであると考えられる。

「失敗要因⑥既存事業と競合している」を防ぐ

第11章では、新規事業を立ち上げる場合、商品が異なる場合はプロセスや価値基準の共有ができないことを解説した。THKのLMガイドは50年にわたり築き上げられてきた既存事業であり、OMNIedgeの拡販においても営業部門の協力を得ながらサービス拡大を図る必要があった。また、顧客との接点を密にする必要があるサブスク事業について関係者が深く理解するためには、時間をかけ、丁寧に説明する必要があった。こうした既存事業の関係者との調整をしていくうえで、事業立ち上げの際にクロス・ファンクショナルな組織体制が敷かれていたことが、既存事業との競合を回避できたポイントと考えられる。

各部門から集められたメンバーで約6カ月間、こうした課題に向き合い、本社のサブスク担当部門が顧客と直接接点を持つという、サブスクの軸がブレなかったことで「既存事業とのコンフリクト」を回避でき、むしろ既存事業の営業体制を最大限に生かし、顧客からのニーズをくみ上げてサービス企画に生かすというプラスの効果を生み出すことに成功している。

19-2 ポイント②トップダウンとボトムアップ

19-2-1 THKの成長戦略とOMNIedge立ち上げの背景

そもそもどのような目的で「OMNIedge」は開発されたのか。検討開始段階においてどのような問題意識があったのか、背景を聞いた。

「検討の背景としては、まずTHKはLMガイドのビジネスを50年継続してきており、市場で高いシェアを頂いています。他にも、ロボットやAMR（Autonomous Mobile Robot「自律走行搬送ロボット」）など新しい分野へも事業を拡大していましたが、OMNIedgeに関しては、以前から研究していた部品の状態の見える化の技術を商用化しました。IoT、クラウド、AI、ロボットを徹底的に活用することにより、ビジネスの進め方や仕組みを変革させる『ビジネススタイルの変革』の一環として、今回のサービスが企画されました」（坂本氏）

「ビジネススタイルの変革」とは、THKが掲げる成長戦略の3つの柱「グローバル展開」「新規分野への展開」「ビジネススタイルの変革」の中の一つである。OMNIedgeで目指しているのは、これまで人の感覚に頼っていた機械の予兆検知分野にIoTセンサーを持ち込み、定量的な判断を可能にするとともに、クラウドネットワークでのデータ共有と分析から担当者へのフィードバックまでをトータルパッケージで提供するという、運用保守の新たなビジネススタイルである。企業が掲げる成長戦略と商品の目的が合致しており、このことは様々なステークホルダーとの折衝において、ブレない判断を下すための基本的かつ重要な条件である。

では、こうしたトップダウンの側面のみが検討の足掛かりになったかというと、そうではない。

「検討のきっかけとしては、もともと社内で研究していた内容をお客様にご紹介していく中で、うまく立ち上げればビジネスになるのではないかという意識がありました。その意味ではボトムアップであり、経営層の方針とも合致していました。必ずしもトップダウンのみで決定したというわけではありません」（坂本氏）

ここにLMガイド販売50年という蓄積の強さが見える。机上で検討された企画をいきなりサービス化するのではなく、アイデアや要素技術の段階で日常的に顧客からのフィードバックを得ながら企画に取り込んでいくことにより、サービスローンチ時のサービスの完成度は大きく異なってくる。THKにおいては、企画段階でのこうした地道な情報収集の積み重ねがあったことが伺える。

ここまで見てきた通り、OMNIedgeの事業目的設定においては、

- 自社の成長戦略と整合性が取れている（トップダウン）
- 営業現場から得られる顧客ニーズを起点としている（ボトムアップ）

という2つの要素があり、サブスクを始めること自体が目的ではなく、成長戦略、顧客ニーズ起点の目的設定であるため、様々な判断が必要となる新規事業を推進しやすくなっていると思われる。

19-2-2　新規事業の目的設定で回避できた失敗要因

「失敗要因②『サブスク導入』が目的になっている」を防ぐ

第7章では、サブスク事業を始める目的を大きく3つに分類し、紹介した。1つ目は「戦略起点型」、2つ目は「顧客起点型」、3つ目が「打ち手起点型」である。トップダウンの社風の企業において、「自社もサブスクだ」という号令から検討がスタートし、「打ち手起点型」としてサブスク導入そのものが目的化してしまうパターンが典型的な失敗事例である。THKの場合、「ビジネススタイルの変革」という、自社の企業戦略に沿った新規事業の開発が行われており、その手段としてサブスクが検討されている。また、長年にわたるLMガイドの販売で培ってきた顧客ニーズに関する知見・知識があり、その情報をサービス企画に生かすといった「顧客起点型」の目的設定ができている（**図表19-5**）。

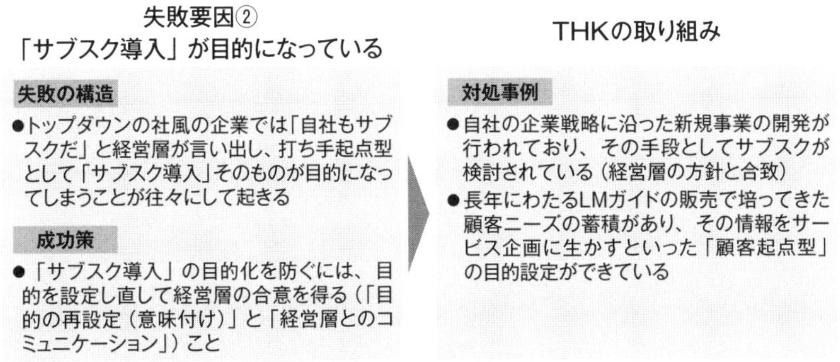

図表19-5　「トップダウンとボトムアップ」と失敗要因の関係
出所：筆者

また、第7章で目的の再設定（意味付け）として解説した、サブスクが自社にとってどのような意味を持つのかという観点においても、THKならではの特徴点が見いだせる。既に紹介したコメントであるが、サブスク事業を開始するに当たって、

「本社とお客様が直接接点を持つ営業スタイルとなるため、この点についても社内外の関係者に対して丁寧に説明し、ご理解を得ました」（坂本氏）

加えて、

「営業はLMガイドの販売をずっと経験してきたメンバーであったため、サブスクという新しい考え方を浸透させていくことが必要でした。マシンビルダーのお客様とは接点がありましたが、実際に現場のマシンユーザーのお客様とはあまり幅広い接点がなかったため、そういったお客様とも接点が持てることをメリットとして説明していきま

した」(坂本氏)

とのコメントにある通り、従来の代理店を通じた顧客とのつながり方にプラスして、顧客と本社が直接つながるモデルへの進化が特徴である。

THKの場合は代理店や営業部門への丁寧な説明により、このハードルをクリアできているが、中間流通との力関係次第では取引停止を言い渡されたり、価格面で利幅が薄い設定を強いられたりするなど、コンフリクトが発生する要素が多分に含まれる。しかし、サブスクを導入するということは、顧客との直接接点を持つことによるメリットを生かすことが大前提となるので、このハードルは必ず越えなければならない。これを認識したうえでサブスクを導入する覚悟ができているかが問われるところである。

19-3 ポイント③お客様の安心感がサービスの強み

19-3-1 OMNIedgeの3つの強み

本項では、OMNIedgeのサービスの強みは何かを掘り下げてみたい。キーワードは「顧客接点」「導入ハードル」「先行参入」である。

「OMNIedgeを通じて、お客様と直接コミュニケーションを取り、ニーズを把握できることは大きなメリットです。打ち合わせ段階から本社部門の専属メンバーが訪問し、アフターサポートについても専属メンバーが対応する体制を採っています。OMNIedgeの運用状況などについては、今後の継続的コミュニケーションをスムーズにさせるべく、システム上で厳重に管理しています」(坂本氏)

この顧客との直接接点は、前項で述べた通り、サブスクの根幹である。同じサブスク事業であっても、お客様と直接コミュニケーションを図ることが可能なものがすべてではなく、契約時、解約時のアンケートやWebフォーマット経由でのアンケート収集のみで、企画担当部署のメンバーが直接顧客と対話できるサービス設計というのは、運用上実現が難しいケースが多い。

OMNIedgeの場合、機械に取り付けたセンサーで検知されるしきい値の設定にはノウハウが必要であり、設置後も本社担当部署でのバックアップが不可欠である。マシンユーザーとの直接の対話は、センサーから得られるデータをどう分析するとどのような予測になるのか、故障予測精度をどの程度上げられるかといったサービスの根幹部分の磨き上げに大きな示唆を与えてくれる。また、マシンユーザーとしても、センサーの売り切りでは得られない人的バックアップを継続的に受けられる安心感があり、これが本サービスの提供価値の源泉であるといっても過言ではない。

OMNIedgeのもう一つの強みは、導入ハードルを下げられる点である。一つは予兆検知サービスのパッケージ化であり、もう一つは月額利用料制度による初期コストの低減である。

「パッケージ化されているため、すぐに、かつリーズナブルに始められるという点が強みです。通信からデータの解析、ソフトウエアまでをパッケージ化しています。IoTというと、ハードウエアに高いコストをかけたにもかかわらず、データの解析でつまずくケースが多いですが、そういったハードルをパッケージ化することで解消しています」（坂本氏）

予兆検知サービスを導入する場合、必要となるのはセンサーやアンプなどのハードウエアと、データを送受信する通信システム、データを蓄積・分析するクラウドベースのアプリケーションである。これらをアウトソースするにしろ、自社で構築するにしろ、かなりの初期投資額が必要となる。そこで、ハードとソフトをパッケージ化することによって商品選定やシステム構築の手間を省き、ユーザー側のコストを概算しやすくするというのが本サブスクサービスの強みである。

3つ目の強みは「先行参入」である。

「サブスクという切り口で見ると、予兆検知に必要なハードウエア、通信、データ解析、アプリケーションをパッケージ化し、リーズナブルな月額料金で広範囲に広めていくという点において、THKが独自の立ち位置を築いています。B2C事業も含め、クラウドアプリケーションのみをサブスクで提供するパターンはよく聞かれますが、ハードウエアの機器も含めてサブスクで提供する例はあまり聞きません」（坂本氏）

センサーを取り扱う企業は既に多数存在するが、サブスクとして提供している企業はあまり見られない。その中にあって、中小企業をターゲットに、導入しやすい価格帯で広範囲に拡販していくという戦略が奏功すれば、先行参入者のメリットを享受できるはずである。また、自社製品であるLMガイドが日本国内で70％の市場シェアを獲得し、確固たるブランドを築いている点も、OMNIedgeの拡販をするうえでの強力な武器となっている。

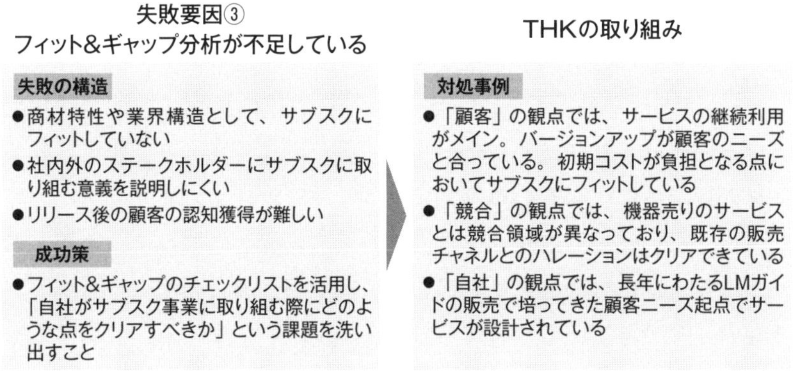

図表19-6 「サービスの強み」と失敗要因の関係
出所：筆者

19-3-2 3つの強みで回避できた失敗要因

「失敗要因③フィット&ギャップ分析が不足している」を防ぐ

第8章では、商材特性が業界構造にフィットしないことによる失敗について解説した。THKの場合、先行してサブスクを提供する企業がほぼ無い状態でのローンチであるため、フィット&ギャップの観点での分析は重要度が高い。ここでは、第8章で紹介したチェックリストの項目に沿って分析を試みたい（**図表19-6**）。

まず「顧客」の観点であるが、今回のOMNIedgeで提供しているセンサーについては、所有より利用に価値があり、一時的ではなく、継続的な利用が求められる。また、一度導入して終わりではなく、アフターサービスによる予兆検知のサービス向上や、将来的な機器のバージョンアップの実施は、顧客にとっては求めたい（ありがたい）メリットである。また、センサー機器類の導入の初期コストを負担に感じている顧客が多い。以上のことから、顧客の観点でのサブスク・フィット度合いはかなり高い。

次に「競合」の観点ではどうだろうか。THKの提供する予兆検知のパッケージサービスはセンサーの機器売りのビジネスモデルとは競争領域が異なるが、今回の事例ではセンサー分野におけるサブスクの先駆者はいない状況である。また、販売代理店などの既存チャネルとのハレーションについてもクリアしているため、競合の観点でもハードルをクリアできていると考えられる。

最後に「自社」の観点である。まず、サブスク事業の目的としてはこれまで述べてきた通り、顧客ニーズ起点で検討されている。収益面では、サブスク化することによって発生する初期投資額を回収するモデルとなるが、このことに対して経営陣の理解が得られており、短期的な利益の追求ではなく、長期で利益を確保していく視点を経営陣と共有できている。

以上から、OMNIedgeは、事前に商品特性と業界構造（顧客、競合、自社の観点）におけるギャップに関して概ね対策が取られた状態でサービスローンチされていることが分かる。企画検討段階でこれらが回避できていることが、成功確率を上げるためには必須といえる。

19-4 ポイント④"お客様と一緒に"が生み出す顧客提供価値

19-4-1 顧客提供価値とは何か

予兆検知においてノウハウが必要なポイントの一つに、しきい値設定がある。機器の異常を判定するためにセンサー取り付け時にしきい値を設定するが、これが低過ぎると頻繁に担当者にアラートが送られ、本当に故障の予兆アラートなのか否かの判別がつかず混乱する。しきい値を高く設定すると、本当の故障予兆を見逃し、それによって万が一機械が停止した場合は生産が止まるため、障害の規模は甚大となってしまう。このしきい値設定や、センサー設置後のデータ分析、フィードバックといったアフターサービスの領域において、人が介在することの価値が生まれる。

「IoTの良さは、いつも気にしておく必要が無い手離れの良さにありますが、お客様としては、どこまでIoTに頼り切ってよいのかという懸念もあるため、その不安に寄り添うことに価値があると考えています」（坂本氏）

「とはいえ、頻繁にお客様にアクセスしても煩わしいので、お客様に活用頂ける情報とは何か、データからいかに示唆を拾うかについては、今検証しています。お客様としても、必ずしも『このままでは破損します』と言い切ってもらう必要はなく、何か変化があったときに『破損の兆候かもしれないという段階でもよいので教えてほしい』という声を多く頂いています。運用に意欲的なお客様ほど、IoT機器に頼り切るのではなく、当社と一緒に運用していきたいというニーズが強いです」（坂本氏）

こうした顧客の要望に応えられる体制が整備されていることが、顧客提供価値の継続的な向上を可能にしている。サブスク事業においては、継続的な顧客接点→サービス改善の示唆の獲得→サービス改善→顧客の継続率向上→契約数の持続的な拡大→収益規模の拡大といったサイクルが機能することが必要となる（**図表19-7**）。この最初のポイントである継続的な顧客接点の保持をクリアし、そこから得られる示

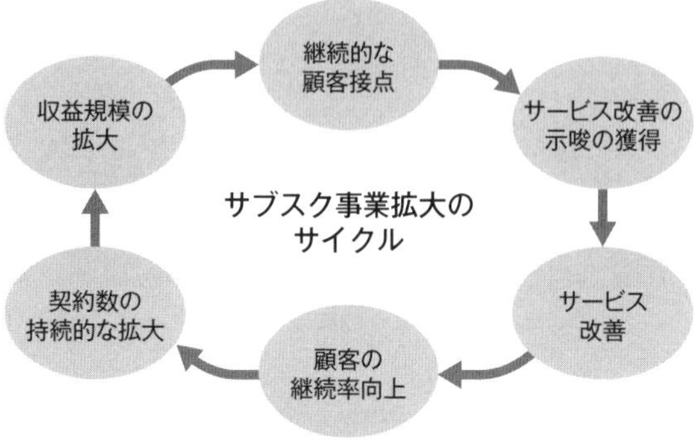

図表19-7　サブスク事業拡大のサイクル
出所：筆者

唆をいかにサービス改善につなげ、顧客提供価値を高められるかにサブスク事業の成否がかかっている。

　また、こうした継続的な顧客接点の創出については、

「“お客様と一緒に”という状況をつくり出せている要因としては、LMガイドという安定したブランドがあり、その上で独自のアルゴリズム、ハードウエアを構築できていることへのお客様からの信頼感があると考えています」（坂本氏）

とのコメントがあった。既存事業のブランドに対する信頼だけでなく、その上に構築したサービスについても、データ分析からアフターサービスまで一貫して自社で責任を持つワンストップサービスの提供が、さらなる信頼の獲得につながっている。

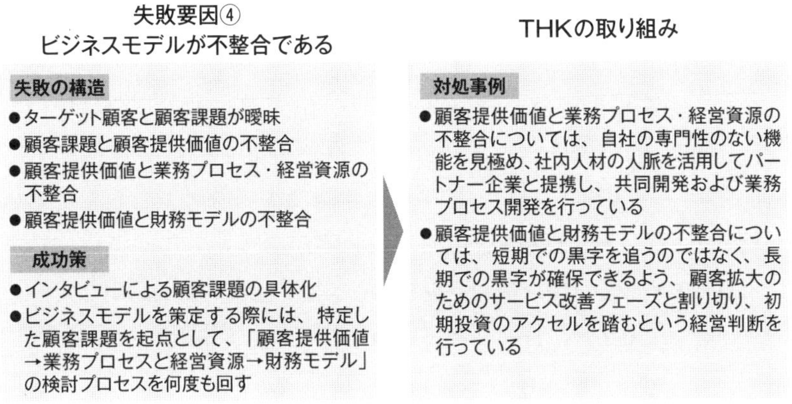

図表19-8　「顧客提供価値」と失敗要因の関係
出所：筆者

19-4-2 顧客提供価値と財務モデル

「失敗要因④ビジネスモデルが不整合である」を防ぐ

第9章で紹介した「ビジネスモデルが不整合である」の失敗要因をどのように回避しているのかを解説する（**図表19-8**）。

「ビジネスモデルが不整合である」の失敗要因について、以下の4つの型を紹介した。

（1）ターゲット顧客と顧客課題が曖昧
（2）顧客課題と顧客提供価値の不整合
（3）顧客提供価値と業務プロセス・経営資源の不整合
（4）顧客提供価値と財務モデルの不整合

このうち（1）（2）については、ターゲット顧客のニーズや課題の把握、およびそれに対する提供価値がOMNIedgeの強みであり、高いレベルでクリアされていると考えられる。では（3）（4）についてはどうか。

（3）の顧客提供価値と業務プロセス・経営資源の不整合については、OMNIedgeを開発するに当たり、クラウドサーバーを構築してIoTセンサーとの通信を行うシステムを構築するなど、これまでTHKが持っていなかった機能を追加する必要があった。この点に関しては、自社の専門性のない機能を見極め、社内人材の人脈を活用してパートナー企業と提携し、共同開発および業務プロセス開発を行っている。新規事業に必要な機能のうち、自社内に専門性を有する部門や人材が全く無い機能を新たに追加することが必要な場合は、外部企業との提携を積極的に推進することが有効である。

（4）顧客提供価値と財務モデルの不整合については、以下のコメントがあった。

「サブスクとしては月額8,000円で提供していますが、今後も継続してお客様の付加価値向上に貢献できる新サービスを次々と開発していかなければなりません。契約後のアフターサポートも含めて、そこが重要です。新規事業なので、ある程度の初期投資を行い、多くのお客様に活用していただくことを優先しています。当然、マーケティングコストもかけているので、現状の形ではまだ収益化できていませんが、今後どれだけ顧客層を拡大していけるか、どのようにサービスを作り上げていけるかが重要になってきます。今コストを縮小すれば黒字化できるかもしれませんが、そうではなく、今後拡大していく前提で初期投資をしているというのが現状です」（坂本氏）

サブスク事業の初期段階では多くの場合、多額の初期投資が発生し、長年にわたってそのコストを回収していくモデルとなる。OMNIedgeはまだサービスローンチから1年半であり、短期で黒字を追うのではなく、長期での黒字が確保できるよう、顧客拡大のためのサービス改善フェーズと割り切り、初期投資のアクセルを踏むという経営判断を行っている。こうした長期的視点に立った経営判断が、サブスク事業初期には必要不可欠である。

19-5 OMNIedgeの今後について

最後に、OMNIedgeの今後の展望について伺った。

「サブスクは永遠のβ版といわれていますが、IoTで短期的な収益のみを追求することは難しい面があると感じています。足元の収益改善は無視できませんが、今優先してそれに取り組むことが成功につながるとは考えていません。それよりも、お客様にOMNIedgeのご利用を通して成功体験を感じ取って頂けることを優先し、その後収益拡大に注力するという順序だと思っています。その意味でIoTは息の長い商材といえます」（坂本氏）

今後のIoTの展望については、次のように語ってくださった。

「IoTの究極はデジタルツインの世界だと思っています。シミュレーションによってコストロスや機会損失がゼロに近づく世界です。その要素の一つとして予兆検知があり、最終的にはそこに行き着くのでしょうが、今はそのかなり手前の段階にいます。まずはお客様に、IoTを使おう、当社と一緒にやってみようと思って頂けるような事業をつくっておき、いずれ来るであろうデジタルツインの世界に備えておきたいと思います。今はそうした世界観に行き着く前段階として、まずは当社が必要だと思って頂くことが必要だと考えています。これはお客様と直接つながることができるサブスクだから可能なことだと思っています」(坂本氏)

IoTの行き着く先を見据えつつ、目の前の顧客との接点を大切に、広げておくという戦略が、将来、大きく実を結ぶことを願ってやまない。

第19章のまとめ

- クロス・ファンクショナルな検討組織の立ち上げにより、既存事業とのコンフリクトを解消し、顧客と直接接点を持つというサブスクの軸がブレることなくサービスを設計できている。

- トップダウンによる全社戦略への適合と、ボトムアップによるニーズ把握がうまく機能し、矛盾の無い事業目的の設定ができている。

- 顧客、競合、自社の観点でサブスクにフィットするサービスとなっており、それがOMNIedgeの優位性となっている。

- “お客様と一緒に”成長するサービスであることが、すなわちサブスクリプションの重要な要素である顧客接点を起点としたサービス改善につながっており、顧客提供価値の源泉となっている。

おわりに

さて、本書の問いである「なぜサブスクは失敗するのか？（失敗要因）」「サブスクの失敗を防ぐためには何を行うべきか？（成功策）」は、どこまで伝わっただろうか。これらをすべて理解し実践することは容易なことではないかもしれないが、読者のみなさんのサブスク事業の成功率向上に少しでも貢献できればうれしく思う。単なるはやり言葉としての「サブスク」に振り回されず、冷静に一つの事業として捉え、検討を推進する際には情熱を持って突き進んでほしい。

本書のコアである第3部で紹介した「9つの失敗要因と成功策」の要点を以下にまとめたので、振り返りとして参考にしていただきたい。

① 位置付けが「既存事業の延長」になっている（第6章）

サブスク事業を「既存事業の延長」と捉えると失敗する。サブスクは売り切りとはビジネスモデルが異なり、「新規事業の立ち上げ」として臨む必要がある。その失敗を回避する成功策として、サブスク事業が既存事業の“引力”に負けないような組織づくりがある。特に大企業の新規事業では、既存事業からの「忘却」が重要であり、「忘却」を十分に行った上で、既存事業からの「借用」と顧客課題やビジネスモデルについて「学習」を行う必要がある。

②「サブスク導入」が目的になっている（第7章）

サブスクはビジネス上の目的を達成するための手段でありながら、サブスク導入が目的化すると、本来検討すべき事項が疎かになり、サブスクの失敗をもたらす。サブスク導入の目的化を防ぐには、サブスク事業が自社にとってどのような意味を持つのかという「意味付け」を行い、経営層の合意を得る必要がある。

③ フィット&ギャップ分析が不足している(第8章)

サブスク事業の検討を始める際、その業界でサブスクサービスを行っている先駆者がいないなら、まず商材や業界がサブスクにフィットしているかどうかを見極める必要がある。事業のサブスク・フィット度合いを見極めるには、**図表8-2**に掲載したチェックリストを活用し、網羅的なチェックを行うことが有効である。サブスクを始める際もまずは事実情報を捉え(See)、情報を評価・分析して課題発掘する(Think)ことが重要である。

④ ビジネスモデルが不整合である(第9章)

失敗するサブスクの多くは、「顧客課題が曖昧」「顧客課題と提供価値が不整合」「顧客提供価値と財務モデルが不整合」など、ビジネスモデル上の課題を抱えている。顧客課題を特定するためには、いったん自社の商材から離れ、顧客の目線に立って、その商材の利用に伴う課題を洗い出す必要がある。

ビジネスモデルを策定する際には、特定した顧客課題を起点として、「顧客提供価値→業務プロセスと経営資源→財務モデル」の検討プロセスを何度も回すことが重要である。特に財務モデルは売り切りと異なる考え方が必要となる項目が多いため、見落としがないよう留意する必要がある。

⑤ サービス事業開発の仕組みがない(第10章)

3種類の事業開発プロセスがない状態(新規事業開発プロセスがな

い、サービスの事業開発プロセスがない、事業開発プロセスを使わない）に該当した際には、失敗に陥りやすい危険性をはらんでいることを認識する。また、マネジメント層のゲート機能がない状況（マネジメント層に新規事業経験が乏しく、サービス事業の開発経験がない状況）であれば、「事業の芽を摘まれてしまうリスク」と「事業企画の質が向上しないリスク」を認識する。

事業開発の仕組みがない（事業開発プロセスやマネジメント層のゲート機能がない）と認識したら、そのリスクを軽減するために、短期、中期で対策を講じる。短期的には、まずは方法論を学習してベースの知識を身に付け、社内の過去実績事例や有識者を探して有効活用を検討し、コンサルティング会社など社外の知見保有者の活用も選択肢として考える。また、人材不足と思われ、社内に取り込みたい領域の専門家は採用を検討する。中期的には、共通的なプロセスを構築して学習しやすい環境をつくり、それをサポートする新規事業支援組織を設置することが望ましい。

⑥ 既存事業と競合している（第11章）

既存事業とサブスク事業で、プロセスや価値基準に不整合がある場合に既存事業との競合が発生する。既存事業とサブスク事業で価値基準が異なる場合、自律的な組織での事業の立ち上げが効果的である。一方、既存事業の組織で立ち上げる場合、利害調整、推進体制、コミュニケーションに配慮してプロジェクトを推進する。

利害調整では、表面的な評価指標の変更や一過性の行動変容への対処ではなく、担当者の行動が継続的に変わるのに十分な評価体系の導入が必要である。推進体制では、部門をまたいだ機能横断的なプロジェクト体制による「クロス・ファンクショナル・チームによる推進」と企画チームの主導による「企画チームによる推進」があり、それぞれの特徴を踏まえて適切なアプローチを選択することが必要である。コミュニケーションでは、自分たちが“正義”で、抵抗する他部門の人たちを“変化を拒む抵抗勢力”と捉えてしまうのではなく、謙虚に相手の立場を理解しつつ、真摯に対応する。

⑦ 収益性を軽視している(第12章)

サブスクは事業であり、事業として利益を追求し、利益を因数分解し、KPIを設定することが必要である。定めたKPI通りにいかない場合の改善プランを先行して準備し、改善の仕組みを整えておかなければいけない。「目指すべきビジネスモデルが明確になっているか」「それを実現するために必要なプロセスが明確か」「それを行うために必要なリソースがあるか」について、自問自答するとよい。

⑧ 運用設計に盲点がある(第13章)

自社のサブスクが顧客に選ばれ続けるためには、データを基にニーズや課題を捉え、常にサービスを改善・アップデートし続けなければいけない。データ利活用によりアップセル・クロスセルも生まれやすくなる。また、思い込みではなく、思いついたものをテストしてデータを検証するデジタルマーケティングのように、データを軸にしたPDCAサイクルを回す必要がある。その際、マーケティングファネル別にどのような施策を展開し、検証していくか整理しなければならない。ただし、データを利活用するためのアルゴリズム開発やデータサイエンティストの採用・評価など、仕組み面の整備も忘れてはいけない。また、サブスクにおける販売後の顧客接点は、従来の「守り」のカスタマーサポートではなく、「攻め」のカスタマーサクセスに移行する必要がある。

⑨ 進化モデルの視点がない(第14章)

サブスクでは、思い込みを捨て、データ(数値)による検証という科学的な進め方をしていく必要がある。スクラムに代表されるスピード感のある新規事業の開発と改善が必要となる。その際は、短期間で失敗を数多く経験して無駄を最小化するため、市場からの「学習」、必要な構築にフォーカスした「集中」「スピード」がポイントとなる。なお、顧客中心に繰り返し型で開発するモデルは、書籍『リーンスタートアップ』刊行以降一気に盛んとなり、スタートアップの世界にとどまらず実践されている。

最後までお読みいただいたことに深く感謝する。本書を読み進め、考慮しなければいけないことが多いことを認識されたのであれば、筆者らの意図は伝わったのではないかと思う。少なくとも、考慮すべき観点に気付かずにサブスクの検討を進めてしまうようなことは回避できたのではないだろうか。また、サブスクを成功に導くために漠然と抱えていた“不安”が、“考慮しなければいけないこと”に変わったのではないだろうか。これだけでも、サブスクの成功率向上に向けて前進したと考える。

もし、サブスク事業の検討で悩まれたなら、いつでも気軽に筆者らにお声がけいただきたい。本書がサブスク事業の失敗を防ぐための道標となり、サブスク事業の成功率が高まることを筆者らは願っている。

第5部の執筆に当たり、株式会社KINTOならびにTHK株式会社の関係者のみなさまに、ご多忙の折ご協力いただいたことを深く御礼申し上げる。また、本書出版にあたり、企画当初から完成まで、貴重なご助言、多大なるご助力をいただき、筆者らに多くの学びを与えてくれた日経BPの松山貴之氏に、この場を借りて心からの感謝をお伝えしたい。最後に、本書執筆を支援してくれたクニエのマネジメントメンバーへ感謝の意を表する。

筆者紹介

株式会社クニエ　新規事業戦略チーム

伊藤 大景　…　第19章を担当

大手通信事業会社の営業企画部門を経てクニエに参画。通信業や製造業における新規ビジネス立ち上げ、MaaS領域の実証実験企画などのプロジェクト経験を通じ、新規事業の企画からサービスローンチ後の業務定着化に至る、一貫した実行支援に取り組む。直近では製造業におけるサブスクリプションサービスの業務定着化支援を担当。

黒岩 聡　…　第18章を担当

三菱東京UFJ銀行（現三菱UFJ銀行）にて、小売り、卸売、製造など幅広い業種の財務支援、投資銀行部門での新商品開発に従事後、クニエに入社。新規事業チームにて、交通、通信業界での新サービス企画、マーケティング調査、および大手通信会社におけるデジタル人材の育成制度企画、運用を支援。Jリーグ、Bリーグなどのスポーツ業界へのコンサルティングに向けても活動中。

寺嶋 仁志　…　第15章〜第17章を担当

通信機器の事業会社を経て、クニエに入社。入社時は通信・メディア、現在は新規事業戦略チームのマネジャーとして、IT企業や通信事業者、メーカーなどの新規ビジネス立ち上げや５Ｇビジネス、会員ビジネス、プラットフォームビジネスプロジェクトなどに従事。

福士 浩二郎　…　第5章、第12章～第14章を担当

AI・5Gなど先端技術を活用した新規事業創出、およびサブスクなど新たな潮流を活用した事業戦略と実行支援が専門。製造・小売り・メディア・通信・旅行観光・銀行など100社以上のコンサルティングを行う。前職の日本IBMでは、唯一のイノベーションディレクター兼デジタルディレクターとして企業の事業革新を支援。現在クニエでは新規事業専門チームの一員として、サブスクやテクノロジーを活用した新規事業創出を支援。

柳澤 孝洋　…　はじめに、第4章、第10章～第11章、おわりにを担当

商社にて新規事業開発、新商品開発、海外生産拠点の立ち上げなどに従事後、米国MBA留学を経てフランスのコンサルティングファームCapgemini（クニエの前身）に入社。製造業や通信業を中心として、事業戦略、新規事業開発、製品・サービス開発、マーケティング、営業などの領域におけるコンサルティングを手掛ける。現職のクニエでは、新規事業チームのリーダーを務める。

渡部 嵩大　…　第1章～第3章、第6章～第9章を担当

富士フイルムにて経理や事業企画、新規事業を担当した後、クニエに入社。新規モビリティサービスのビジネスモデル策定や実証実験企画など、企業の新規事業創出を支援している。グロービス経営大学院（MBA、経営学修士）修了。

なぜ9%のサブスクしか成功しないのか

2021年11月15日　第1版第1刷発行

著　　者	株式会社クニエ 新規事業戦略チーム
発 行 者	吉田 琢也
発　　行	日経BP
発　　売	日経BPマーケティング 〒105-8308 東京都港区虎ノ門4-3-12
装　　丁	bookwall
制　　作	マップス
編　　集	松山 貴之
印刷・製本	図書印刷

Printed in Japan
ISBN978-4-296-11094-0